Ferdinand Freiligrath

Gedichte

Ferdinand Freiligrath

Gedichte

ISBN/EAN: 9783741167287

Hergestellt in Europa, USA, Kanada, Australien, Japan

Cover: Foto ©Andreas Hilbeck / pixelio.de

Manufactured and distributed by brebook publishing software (www.brebook.com)

Ferdinand Freiligrath

Gedichte

Gedichte

von

Ferdinand Freiligrath

Erster Band

New-York, 1867,
Verlag von Friedrich Gerhard.

Tagebuchblätter.

Moos-Thee.

1836.

Sechzehn Jahr' — und wie ein greiser
Alter sitz' ich, matt und krank;
Sieh', da senden mir der Geiser
Und der Hekla diesen Trank.

Auf der Insel, die von Schlacken
Harter Lava und von Eise
Starrt, und den beschneiten Nacken
Zeigt des arkt'schen Poles Kreise;

Ueber unterird'schen Feuern,
In nordlichterhellten Nächten,
Bei den Glut- und Wasserspeiern
Wuchsen diese bittern Flechten.

Aus den dampfumrollten Kegeln,
Aus der Berge schwarzem Tiegel,
Gleich blutrothen Sagenvögeln —
Flammenzungen ihre Flügel —

Sahn sie feurig auf zum schwarzen
Himmel mächt'ge Steine sprühen,
Und ein Meer von heißen Harzen
Durch das Schneegefilde ziehen.

Von den Jökuln zu den Fiorden
Durch das Dän'sche Inselland,
Breit, ein ries'ger Dan'brogorden,
Schlängelt sich das Flammenband.

Wolken, Rauch und Asche wallen,
Und am Strand die Robben winseln,
Und die rothen Steine fallen
Nieder auf entfernten Inseln;

Die zerriss'nen Berge zittern,
Und das Eismeer schäumt und braut —
Dorten wuchsen diese bittern
Flechten, wuchs dies herbe Kraut. —

Daß die kranke Brust gesunde,
Und sich freue neuer Kraft,
Biet' ich träumerisch dem Munde
Ihren dunkelgrünen Saft.

Feuer zuckt durch meine Nerven,
Vor mir liegt das wüste Land;
Die weitoff'nen Krater werfen
Himmelan den flüss'gen Brand.

Kühner fühl' ich mich und stärker
Bei dem Lodern dieser Glut,
Und die Wildheit der Berserker
Tobt durch mein genesend Blut.

Lavascheiu und Nordlicht röthen
Mein Gesicht; die Pulse schlagen
Schneller; Edda, laß mich treten
Vor die Helden deiner Sagen!

Ha! wenn dieser Insel Pflanzen
Mir den Lebensbecher reichen,
Mög' ich dann in meinem ganzen
Leben dieser Insel gleichen!

Feuer lob're, Feuer zucke
Durch mich hin mit wildem Kochen;
Selbst der Schnee, in dessen Schmucke
Einst mein Haupt prangt, sei durchbrochen

8

Von der Flamme, die von innen
Mich verzehrt; wie roth und heiß
Hekla Steine von den Zinnen
Wirft nach der Faaröer Eis:

So aus meinem Haupt, ihr Kerze:
Wilder Lieder, sprühn und wallen
Sollt ihr, und in fernen Herzen
Siedend, zischend niederfallen!

Heiligenschrein, Vögel und Wandersmann.

Frühling 1839.

Hart am Pfad, in einer Blende,
Steht die Mutter mit dem Kinde;
Frommer Pilgerinnen Hände
Haben Schrein und Holzgelände
Schön bekränzt mit Laubgewinde.

Und ein Strauch der wilden Rose,
Leis' bewegt vom lauen Winde,
Wölbt sich flüsternd, mit Gekose,
Drüber, eine schmerzenlose
Dornenkron' dem heil'gen Kinde.

Sieh'! zwei Vöglein flieh'n, erschrocken
Flatternd, aus dem Busch geschwinde;
Tragen in den Schnäbeln Flocken,
Bauten sich ein Nestchen trocken
Bei der Mutter und dem Kinde.

10

Bleibt doch! ihr mit gelben Brüsten!
Immer pickt des Zweiges Rinde!
Sorglos mag das Vöglein nisten,
Wo sich gläubig fromme Christen
Beugen vor dem holden Kinde.

Diese Rose wuchs aus Zähren;
Hier sind gottgeweihte Gründe!
Bei der höchsten Lieb' Altären
Wird die Vöglein Keiner stören!
Kommt zurück doch von der Linde!

Wetterleuchten in der Pfingstnacht.

1881.

Will Er in lichten Flammenbränden
Von seiner Himmelsburg herab
Auf's Neue seinen Geist uns senden,
Wie Er ihn Christi Jüngern gab?
Woher die Glut, die flücht'ge, grelle,
Die jener Wolke Schwarz umfliegt,
Wie sich ein Mantel, weiß und helle,
Um eines Mohren Glieder schmiegt? —

Das sind des Himmels off'ne Thüren;
Das ist die Glut, die ihm entquillt!
Sein Leuchten will die Erde zieren,
Wie Glorienglanz ein Heil'genbild.
Die Thäler all', der Berge Spitzen
Will heut' des Geistes Flammenspur,
Die ganze Welt will sie umblitzen,
Wie einst das Haupt der Zwölfe nur!

Denn morgen soll die heil'ge Feier
Des ausgegoss'nen Geistes sein!
Und dazu weiht der hehre Weiher
Die Welt mit seinen Flammen ein.
Wie jener Wetter falbe Kerzen
Am Horizonte lobernd sprühn,
So soll in allen Christenherzen
Ein heilig Geistesfeuer glühn!

Die Amphitrite.

Mai 1833.

Siehst du vor Anker dort
Die Amphitrite liegen?
Festlich erglänzt der Bord,
Die rothen Wimpel fliegen.

Es hangen aufgehißt
Die Segel an den Stangen;
Der graue Meergott küßt
Schäumend der Gattin Wangen.

Sie ist zurückgekehrt
Aus fernen Morgenlanden,
Hat sich im Sturm bewährt
Und Linienglut bestanden.

Der Schiffer steht am Mast,
Die Lenden roth umgürtet;
Er weiß nicht, welchen Gast,
Sein räumig Schiff bewirthet.

14

Das ist der junge Mai,
Der südliche Geselle;
Den trug das Prachtgebäu
Durch die tiefblaue Welle.

Er lag in Judia
Am Rand des schattigen, dichten
Banianenhains, und sah
Das Schiff die Anker lichten.

Da sprang er auf vom Sand,
Zu schnüren die Sandale,
Zu ordnen das Gewand.
Und die reichen, weichen Shawle.

Da flog er hin an's Meer,
Und warf sich in das graue,
Und rastete nicht eh'r,
Bis an des Schiffes Taue.

Mit leichten Füßen, keck,
Vom Schiffsvolk ungesehen,
Schwang er sich auf das Deck,
Und ließ den Landwind wehen.

Und nun die Brigg allhier
Im Hafen angekommen,
Ist er mit bunter Zier
Sofort an's Land geschwommen.

Es flattern vor ihm her
Die Störche als Propheten;
Ein Zaubrer, ein Jongleur
Hat er den Strand betreten.

Nackte Bäume macht er grün,
Und blumig kahle Stätten;
Bunte Tulpen läßt er blühn,
Hyacinthen und Tazetten.

Die Erde wunderbar
Schmückt er mit farbigem Schimmer!
Dank, rüstiger Lastar!
Willkommen, lockiger Schwimmer! —

Siehst du vor Anker dort
Die Amphitrite liegen?
Festlich erglänzt der Bord,
Die rothen Wimpel fliegen.

Die Auswanderer.

Sommer 1832.

Ich kann den Blick nicht von euch wenden;
Ich muß euch anschaun immerdar:
Wie reicht ihr mit geschäft'gen Händen
Dem Schiffer eure Habe dar!

Ihr Männer, die ihr von dem Nacken
Die Körbe langt, mit Brod beschwert,
Das ihr aus deutschem Korn gebacken,
Geröstet habt auf deutschem Herd;

Und ihr, im Schmuck der langen Zöpfe,
Ihr Schwarzwaldmädchen, braun und schlank,
Wie sorgsam stellt ihr Krüg' und Töpfe
Auf der Schaluppe grüne Bank!

Das sind dieselben Töpf' und Krüge,
Oft an der Heimath Born gefüllt;
Wenn am Missouri Alles schwiege,
Sie malten euch der Heimath Bild:

Des Dorfes steingefaßte Quelle,
Zu der ihr schöpfend euch gebückt,
Des Herdes traute Feuerstelle,
Das Wandgesims, das sie geschmückt.

Bald zieren sie im fernen Westen
Des leichten Bretterhauses Wand;
Bald reicht sie müden braunen Gästen,
Voll frischen Trunkes, eure Hand.

Es trinkt daraus der Tscherokese,
Ermattet, von der Jagd bestaubt;
Nicht mehr von deutscher Rebenlese
Tragt ihr sie heim, mit Grün belaubt.

O sprecht! warum zogt ihr von dannen?
Das Neckarthal hat Wein und Korn;
Der Schwarzwald steht voll finst'rer Tannen,
Im Spessart klingt des Aelplers Horn.

Wie wird es in den fremden Wäldern
Euch nach der Heimathberge Grün,
Nach Deutschlands gelben Weizenfeldern,
Nach seinen Rebenhügeln zieh'n!

18

Wie wird das Bild der alten Tage
Durch eure Träume glänzend wehn!
Gleich einer stillen, frommen Sage
Wird es euch vor der Seele stehn.

Der Bootsmann winkt! — Zieht hin in Frieden:
Gott schütz' euch, Mann und Weib und Greis!
Sei Freude eurer Brust beschieden,
Und euren Feldern Reis und Mais!

Der Schlittschuh-laufende Neger.

Jänner 1833.

Du, von Gestalt athletisch,
Der oft am Gambia
Den wunderlichen Fetisch
Von Golde blitzen sah;

Oft unter dem Aequator
Des Panthers Blut vergoß,
Und nach dem Alligator
Mit gift'gem Pfeile schoß;

Dort, wo auf Pallastpforten
Gebleichte Schädel stehn,
An jenen fremden Orten
Mag ich dich gerne sehn.

Wo aus geborstnen Bäumen
Das gelbe Gummi quillt,
Stehst du in meinen Träumen,
Ein ernstes, schwarzes Bild;

20

Ein Wächter und ein Hüter,
Mit Perl' und Gold geziert,
Der mittäglichen Güter,
Die da dein Land gebiert.

Dort seh' ich gern dich treiben
Das Nashorn in die Flucht;
Doch fremd wirst du mir bleiben
Auf dieser nord'schen Bucht.

Was fliegst du auf dem Eise,
Und sprichst der Kälte Hohn,
O du, der Wendekreise,
Des Südens heißer Sohn?

Du, der, bis an den Nabel
Entblößt, zu Rosse sprang,
Und in die Kettengabel
Den Hals des Sklaven zwang?

Aus diesem bunten Schwarme,
Im rauhen Pelzgewand,
Ragst du, verschränkt die Arme,
Gleich wie ein Nekromant,

21

Der mit geweihtem Ringe
Der Geister Trotz besiegt,
Und auf des Greisen Schwinge
Durch die Sahara fliegt.

O segle, wenn im Lenze
Kein Eis dein Schiff mehr hält!
Nach deines Landes Grenze
Zieh' heim in dein Gezelt!

Goldstaub auf deine Locke
Streut dort das Land Dar Fur;
Hier schmückt sie Reif und Flocke
Mit Silberstaube nur!

Meerfabel.

5. Mai 1833.

Ebbetroden auf dem Strande
Lag die unbeholf'ne Kof;
Schwärzlich hing am Mast das Zugnetz,
Das vom letzten Fange troff.

Tastend prüfte seine Maschen
Ein barfüßiger Gesell;
Fische dorrten in der Sonne
An dem hölzernen Gestell.

Heiß und durstig sah die Düne
Auf das Meer, ein Tantalus;
Wie ein großer Silberhalbmond
Blitzte der Oceanus.

Jede Welle, grau und salzig,
Die sich an dem Ufer brach,
Wie zum Gruße mit dem Haupte
Nickte brausend sie, und sprach:

23

„Am Gestade rausch' ich gerne,
Lecke gern den harten Sand;
Bunte Muscheln, Meeressterne
Schleudre gern ich an das Land.

Gerne seh' ich Haid' und Ginster
Wuchern um die Dünen her.
Hier vergeß' ich, wie so finster
Draußen ist das hohe Meer,

Das die kalten Stürme peitschen,
Wo der Normann Fische fängt,
Wo das Eismeer mit des deutschen
Meers Gewässern sich vermengt.

Keine Tonn' und keine Bake
Schwimmt und flammt dort auf der See,
Und allnächtlich steigt der Krake
Aus den Tiefen in die Höh'.

Eine Insel, starr von Schuppen,
Rudert dort das Ungethüm.
Aengstlich flüchten die Schaluppen,
Und der Fischer greift zum Riem.

Aehnlich einer großen schwarzen
Fläche liegt er, kampfbereit,
Und sein Rücken ist mit Warzen,
Wie mit Hügeln überstreut.

Ruhig schwimmt er — doch nicht lange! —
Auf dem Haupte grünes Moos,
Zischend zuckt die Meeresschlange,
Die gewalt'ge, auf ihn los.

Wenn sie blutend sich umklaftern,
Wenn die rothen Kämme wehn,
Kann man keinen fabelhaftern
Anblick auf dem Meere sehn.

Einsam, schauerlich und finster
Ist das ferne, hohe Meer!
Gerne seh' ich Haid' und Ginster
Wuchern um die Dünen her."

Die Griechin auf der Messe.

1838.

Vor deinem Zelte laß mich stehn,
O Mädchen von der Insel Zante!
Des Deutschen Stirne laß umwehn
Die Wohlgerüche der Levante!

In deine Gläser sind gebannt
Die Düfte von des Ostens Lenzen;
Du bietest feil am Nordseestrand
Natoliens Salben und Essenzen:

Des Rosenholzes flüchtig Oel,
Den edlen Weihrauch, runden Kornes;
Von Bagdad trug sie das Kameel
Zum Mastenwald des goldnen Hornes.

Auf fernen Märkten hast du sie
Erhandelt von des Südens Horden,
Zu Stambul und Gallipoli,
Und jetzt verkaufst du sie im Norden.

Es funkelt dein beweglich Haus
Im Glanze der krystallnen Becken;
Bunt, wie der Federschmuck des Pfau's,
Glühn auf den Tischen fremde Decken;

Und hinter ihnen wandelst du —
Heil widerfahre dieser Schwelle!
Schlank, wie am Flusse Karasu
Des Taurus weidende Gazelle.

Dein Turban blau, und schwarz dein Haar,
Auf deiner Stirne ruhig Sinnen!
Siehst du im Geiste den Bazar
Smyrna's und seine Käuferinnen?

O, träume fort! vorübergehn
Der Seele laß dein Ziehn und Reisen!
Frag' nicht, was mein Begehr; — dich sehn
Nur will ich, und dein Lächeln preisen.

Vor einem Gemälde,

dessen frische Farben mir beim Betrachten mein Bild zurückwarfen.

1834.

Diese Fluten sind das Indische Meer,
Diese Inseln die Sechellen.
Vom Sturme geschleudert hin und her,
Thürmen hoch sich Wellen auf Wellen.
Das Schiff ergiebt seinem Loose sich,
Seine Trümmer nur sehn Madagaskar;
Ins Boot wirft der weiße Matrose sich,
Und der schlanke farbige Lascar.

Der Blitz durchschlängelt die schwarze Luft,
Die Wolken triefen von Regen,
Und ein finstres Antlitz, verschleiert von Duft,
Schaut aus dem Gewölk mir entgegen.
Seine Augen glühn auf die spritzenden
Gewässer herab, wie zweier
Durch Nebel und Strudel blitzenden
Leuchtthürme zitterndes Feuer.

Es scheint eines zürnenden Geistes Haupt:
Des Geistes, der dem Orkane
Befiehlt, der dem Schiff seine Masten raubt,
Und in Stücke zerreißt seine Fahne.
Er fährt auf dem Sturme — das rollende
Gewölk ist sein dampfender Wagen;
Das Weltmeer läßt er die grollende
Windsbraut mit den Fittigen schlagen. —

Das Haupt bin ich selbst! aus den Wolken hervor
Zürn' ich selbst, ein riesiger Schatten!
Die Matrosen schauen zitternd empor;
Mein Hauch zertrümmert Fregatten.
Umsonst das Flehn der Ertrinkenden!
Was dem Dämon das Winseln des Wurmes?
Meine Wellen über die Sinkenden!
Ich bin der Gebieter des Sturmes!

Sandlieder.

1835.

1.

Ich meine nicht den Wüstensand,
Den Tummelplatz des wilden Hirschen;
Die Körner mein' ich, die am Strand
Des Meeres unter mir erknirschen.

Denn jener ist ein wehnder Fluch,
Der Wüste rastlos irrende Seele.
Er legt, ein brennend Leichentuch,
Sich über Reiter und Kameele.

Der Sand des Meers ist kühl und frisch,
Und feucht von Furchen und von Gleisen,
Ein allezeit gedeckter Tisch,
Auf dem die Möven Fische speisen.

2.

Vom Meere fährt heran der Wind;
Die Körner wehn, Meergräser schwanken.
Auf flücht'gem Meeressande sind
Unstet und flüchtig die Gedanken.

Wie dieser Sand vor Wind und Flut
Sich jagt in wirbelnden Gestalten,
So fährt und schweift mein irrer Muth,
Und keine Stätte kann ihn halten.

3.

O, welch' ein wunderbarer Grund!
Ich kann sein Treiben nicht verstehen:
Er lässet Schiffe scheitern, und
Er lässet sie vor Anker gehen.

Dem Raben ist er ewig frisch,
Und dürr des Seegewürmes Zungen;
Verschmachten lässet er den Fisch,
Und ätzt die Möv' und ihre Jungen.

Auch hab' ich einen Mann gesehn,
Der wandt' ihm satt und kalt den Rücken;
Ich aber blieb im Sande stehn,
Und baute Schiffe mir und Brücken.

4.

Der Dünen schwach begraster Wall
Behindert landwärts meine Blicke.
Gleichviel! rundspähend auf dem Schwall
Der Wasser, schau' ich nicht zurücke.

Ich weiß nicht, daß noch Land besteht.
Die Wellen hier sprühn Schaum und Funken!
Doch Berg und Wald und Wiese — geht!
Das Alles ist im Meer versunken.

Nur dieser schmale gelbe Streif
Ist übrig von der Welt geblieben.
Drauf irr' ich, wie ohn' Stab und Reif
Ein König, welchen man vertrieben.

Ich kann es nicht begreifen, daß
Ich einst durch Wälder bin geschritten,
Daß ich auf Bergesgipfeln saß,
Und über Haiden bin geritten.

Sie ruhn im Meer, im Meere ruht
Meine Lieb, mein Hoffen und mein Sehnen;
Und wie heran jetzt schießt die Flut,
So schießen mir ins Auge Thränen.

4.

Gleich' ich dem Strome, welcher, tief
In einem Waldgebirg entsprungen,
Durch Länder und durch Reiche lief,
Und bis zum Meere vorgedrungen? —

O thät' ichs! — Mann geworden jetzt,
Begrüßt den Braus des Meers der feine,
Und doch in ew'ger Jugend netzt
Sein Quell die Wurzeln heil'ger Haine.

6.

Ob meinem Haupte ziehn
Drei Möven schwer und träg.
Ich schaue nicht empor,
Doch kenn' ich ihren Weg.

Denn auf den Körnern, die
Im Sonnenscheine glühn,
Fließt flügelausgespannt
Ihr schwarzer Schatten hin.

Und eine Feder fällt
Herab, daß diesen Tag
Ich Sand und Mövenflug
Damit beschreiben mag.

Einem Ziehenden.

1835.

Die See geht hoch: tritt deine Wallfahrt an!
Laß von den Raa'n
Die Segel fallen, laß die Wimpel weh'n!
Am Ufer steh'n
Und meerwärts winken will ich mit dem Hut,
Bis aus den Augen dich mir trägt die Flut.

Du stehest sinnend auf des Schiffes Stern!
Bald senkst du fern
In fremden Kiessand deines Ankers Wucht:
Sei's! — keine Bucht,
Kein Meereseiland, keine Küstenstatt,
So nicht für dich ein freundlich Grüßen hat.

Heil, wer, wie du, das weite Meer befährt!
Du hast gehört
Von den Entdeckern, die da ohne Furcht
Die See durchfurcht,
Und deren Züge, kreuzend her und hin,
Ein geistig Netz um das Gewässer zieh'n.

Du hast gehört von wüsten Inseln auch,
Allwo, das Aug'
Auf's Meer geheftet starr und unverwandt,
In sehn'ger Hand
Die hag're Wange, der Verschlag'ne sitzt,
Indeß die Welle seinen Fuß bespritzt.

Das sind die Helden deiner Knabenzeit; —
Die Einsamkeit
Des Tannenwaldes durchzogen sie mit dir,
Vasallen schier.
Du führtest sie, schweißtriefend und bestaubt,
Ein dreizehnjährig Abenteurerhaupt.

Aus Busch und Wolle traten sie hervor:
Du sprangst empor
Vom moos'gen Stamm; da sauf'ten sie vorbei,
Ernst mit dem Blei
Die Tiefe messend, Flaggen schüttelnd; — du
Riefst ihnen Grüße durch das Sprachrohr zu.

Jetzt wird dir Alles wie ein Traum erfüllt.
Auf's Neue quillt
Und sprudelt dir der alte Wunder Born;
Ein reiches Horn
Von Abenteuern gießt mit üpp'gem Guß
Vor deine Füße seinen Ueberfluß.

Und Eins noch weiß ich, was das wüste Meer
Dir werth und hehr
Und herrlich macht. O, rede: weht nicht auch
Der Dichtung Hauch
Auf diesen Wassern? schimmernd glüh'nd und frisch
Nicht Liederkronen auf der Flut Gezisch?

Was nenn' ich dir Jedweden von der Zeit
Homers bis heut',
Der da ein Blatt in diese Kränze wob!
Du kennst ihr Lob.
Aus jeder Welle, die am Schiff sich bricht,
Ersteht ein Held dir, klingt dir ein Gedicht.

Auch deutsche Lieder! — Die auf schatt'ger Stell'
Im Wald, an Quell
Und Strom erwuchs, die deutsche Poesie,
Sie weilt' auch hie!
Sie sah die Wasser, Noahs Taube gleich,
Und kehrte heim mit manchem grünen Zweig.

Stand Lenau nicht noch jüngst an einem Steu'r,
Und sah den Schlei'r
Die Meerfrau'n lüften? aus der Tiefe drang
Gruß und Gesang. —
Und schwamm nicht in des Rurils Wellenwieg',
Der auf den Fels Salas y Gomez stieg? —

Die See geht hoch; tritt deine Wallfahrt an!
Laß von den Raa'n
Die Segel fallen, laß die Wimpel weh'n!
Am Ufer steh'n
Will ich! — Leb' wohl! wie ferne schon, wie fern! —
Du stehest sinnend auf des Schiffes Stern.

39

"Wär' ich im Bann von Mekka's Thoren."

1838.

Wär' ich im Bann von Mekka's Thoren,
Wär' ich auf Yemens glüh'ntem Sand,
Wär' ich am Sinai geboren,
Dann führt' ein Schwert wohl diese Hand;

Dann zög' ich wohl mit flücht'gen Pferden
Durch Jethro's flammendes Gebiet!
Dann hielt ich wohl mit meinen Heerden
Rast bei dem Busche, der geglüht;

Dann Abends wohl vor meinem Stamme,
In eines Zeltes luft'gem Haus,
Strömt' ich der Dichtung inn're Flamme
In lodernden Gesängen aus;

Dann wohl an meinen Lippen hinge
Ein ganzes Volk, ein ganzes Land;
Gleichwie mit Salomonis Ringe
Herrscht' ich, ein Zauberer, im Sand.

40

Nomaden sind ja meine Hörer,
Zu deren Geist die Wildniß spricht;
Die vor dem Samum, dem Zerstörer,
Sich werfen auf das Angesicht;

Die allzeit auf den Rossen hängen,
Absitzend nur am Wüstenbronn;
Die mit verhängten Zügeln sprengen
Von Aden bis zum Libanon;

Die Nachts, als nimmermüde Späher,
Bei ihrem Vieh ruh'n auf der Trift,
Und, wie vor Zeiten die Chaldäer,
Anschau'n des Himmels gold'ne Schrift;

Die oft ein Murmeln noch vernehmen
Von Sina's glutgeborst'nen Höh'n;
Die oft des Wüstengeistes Schemen
In Säulen Rauches wandeln seh'n;

Die durch den Riß oft des Gesteines
Erschau'n das Flammen seiner Stirn —
Ha, Männer, denen glüh'nd wie meines
In heißen Schädeln brennt das Hirn.

41

O Land der Zelte, der Geschosse!
O Volk der Wüste, kühn und schlicht!
Beduin, du selbst auf deinem Rosse
Bist ein phantastisches Gedicht! —

Ich irr' auf mitternächt'ger Küste;
Der Norden, ach! ist kalt und klug.
Ich wollt', ich läg' im Sand der Wüste,
Gelehnt an eines Hengstes Bug.

Leben des Negers.

1836.

Ein hölzern Bein, zwei Krücken,
Du armer, schwarzer Mann,
Von Hanfgarn Netze stricken,
Und feil sie bieten kann:

Das ist dein Loos! — im Sande
Führt deine Heimath Gold,
Und, ach! im fernen Lande
Erflehst du Kupfersold.

Beim Himmel! von dem Knaben,
Der keck auf Straußen ritt,
Zum Greise, der, daß Gaben
Er ford're, vor mich tritt;

Vom Netz, durch welches Flossen
Des Nigers b e r erblickt,
Zum Netze, das, zerschossen,
Der Invalide strickt: —

43

Beim Himmel! mitten inne
Reich mag das Leben sein!
Du Krauskopf, nicht entrinne!
Sei Gast mir, tritt herein!

Dein Garn mir und dein Reden!
Mein Wein hier ist für dich!
Von Saub- und Wasseröden,
Von See- und Landschlacht sprich!

Da! — Palmenwälder dunkeln;
Hyän' und Löwe dräu'n;
Auf Königshäuptern funkeln
Gold, Perl' und Edelstein!

Aus unerforschten Quellen
Rauscht stolz der Niger her;
Mit hunderttausend Wellen
Braus't auf das heil'ge Meer.

Die Peitsche tönt, die Fessel:
Noch einmal schau' zurück!
O brodemvoller Kessel!
O Raum der Sklavenbrick!

44

Rohrfelder! Hütt' an Hütte!
Gedräng' am Mühlenthor!
Es fällt mit kräft'gem Schnitte
Der Mohr das Zuckerrohr!

Wer den Plantagenhauer
Mit Macht zu führen weiß,
Der ist auch wohl kein Schauer
In rüst'ger Fechter Kreis!

An Bord! Die Wimpel fliegen!
Vom Mars hernieder späh'!
Jetzt gilt es, zu bekriegen
Den Feind auf off'ner See!

Hui, wie das Segel reffen,
Hui, wie das entern kann!
O grausenvolles Treffen!
O Ringen Mann an Mann!

Zuschaut mit off'nem Rachen
Der Hai, der ihre Gruft!
Ein Blitzen und ein Krachen!
Sie fliegen in die Luft! —

O Thor, auf blut'ger Tonne
Zu schwimmen ins Spital!
Nun hinkt, daß er sich sonne,
Der Greis um's Arsenal:

Von Allem losgerissen;
Wofür sein Herze schlug!
Verkümmern so zu müssen,
Es ist ein harter Fluch!

Da steht er, alle Wunder
Im Haupt! — Daß Gott erbarm:
Mit seinem Alltagsplunder
Umschnattert dich der Schwarm;

Geht kühl an dir vorüber!
Was Nil und Niger hier?
Und innen brennt's, wie Fieber,
Und zuckt's, wie Wahnsinn, dir!

Die Hand gib, alter Krieger!
Was gilt's, wir dulden gleich.
Stoß an! Cap Verd'! der Niger!
Und — mein Gedankenreich!

Nebel.

1836.

Der Nebel senkt sich düster auf das Land,
Und düster schreit' ich an der Seebucht Strand
Durch das Gefild, das winterliche, kahle;
Sieh', auf dem glatten Wasserspiegel ruht
Die untergeh'nde Sonne, roth wie Blut:
So lag das Haupt des Täufers in der Schale!

Und dieses Haupt ist Alles, was ich seh';
Sonst Nebel nur, und eine Handbreit See!
Verborgen steh' ich da vor allem Volke.
Kein Auge, das durch diesen Schleier blickt!
Mir ist, als hätte mich der Herr entrückt
Der Welt in einer finstern Wolke!

In einer Wolke, schwerer Wetter voll!
Mir ist, als zürn' in ihr, wie das Geroll
Des Donners, meines Liedes Dräu'n; — als fahre,
Wie niederfährt der Blitz aus dunkler Luft,
So mein Gedanke zuckend durch den Duft,
Daß zündend er sich draußen offenbare!

O, laßt ihn brechen durch den grauen Flor!
O, schreibt dem glüh'nden keine Wege vor!
Er ist ein Blitz! wohlan, so laßt ihn blitzen! —
Der Nebel senkt sich düster auf das Land;
Ich aber will auf dieser Dün' am Strand,
Aus einer Wolke zu euch redend, sitzen!

Roland.

Juli 1839.

Es war im Holz; — wir schritten durch die Gründe,
Wo sich verbirgt die angeschoss'ne Hinde;
Wo nur durch Blätter niederblitzt das Licht;
Wo mit dem Horne sich das Beil bespricht.

Rings tiefe Stille; nur die wilde Taube
Hebt an ihr Girren über uns im Laube;
Die Quelle nur bricht murmelnd durch's Gebüsch,
Die alten Bäume nur weh'n träumerisch.

Die Buche klagt, es flüstert leis die Esche;
Fernab das Pochen einer Eisenwäsche;
Dazu mein Stab, der rauh den Fels berührt —
Das ist die Sprache, die der Bergwald führt.

Ich horcht' auf sie mit innerlichem Schauer;
In meine Waldlust stahl sich süße Trauer;
Es schlug der Fels, es schlugen Eich' und Tann'
Die tiefsten Saiten meiner Seele an.

Ich dacht' an Roland und die Pyrenäen; —
O, wär' auch ich zu solchem Loos ersehen:
Ein kämpfend Leben, Saracenenflucht,
Und das Signalhorn in der Todesschlucht!

Der Kampf ist da: — keck steh' ich bei der Fahne;
Gezückt seit Jahren schimmert Durnidane;
Es drängt der Feind mein Lager spät und früh;
Mein Hüfthorn schlummert: meine Poesie!

Es träumt und schlummert ernst an meiner Seite;
Es ruht und sinnt, indeß ich selber streite.
Wild nur zu Zeiten, mit gebroch'nem Stoß
Den Kampf belebend, birst sein Schmettern los.

All' meine Lieder — nichts, traun, als Fanfaren,
Mich zu ermuth'gen und mich frisch zu wahren;
Blutrünst'ge Klänge, rauhe Melodien,
Die beim Verschnaufen meiner Brust entflieh'n!

Wie dürft' ein Krieger And'res auch ersinnen? —
Die Hand an's Schwert, willst du die Schlacht gewinnen!
In deinen Waffen athme deinen Zorn,
Am Gürtel feiern laß dein Silberhorn!

Wer schon gesiegt, der schmett're Siegesweisen: —
Du, weck' den Schall des Eisens auf dem Eisen!
Fanfaren? — Sei's! — Ein keck und kurz Signal
Sei dir vergönnt zu schleudern durch das Thal!

Allein erst dann ein voll und mächtig Tönen,
Wenn du erlegt den wilden Saracenen;
Wenn du den Stolzen, sammt des Panzers Last,
Hin auf den Boden nun gerungen hast!

In einer Schlucht, wie Ronceval und diese,
Zu deinen Füßen todt dann liegt der Riese;
Allein du selbst auch bist zum Tode wund —
O dann dein Horn, dein Hüfthorn an den Mund!

Bei deines Blutes mäligem Verströmen
Ein letzter Ruf an Karl, den großen Oehmen!
Ein geller Schrei, der Alles, Alles sagt,
Was du gewollt, gerungen und gewagt!

Der es verhaucht in raschen Athemzügen,
Was im Gefechte männlich du verschwiegen!
Ein letztes Beichten und ein letztes Dräu'n —
Die Signatur zu deinem ganzen Sein.

Ha, welch' ein Dröhnen! — Rings die Felsen klingen;
An deinem Hals die blauen Adern springen;
Thalein vernimmt es jeder Streitgenoß,
Vernimmt es zitternd, wende' kurz sein Roß.

Der Kaiser naht, es nahn die Paladine —
O Gott, dein Blut entrieselt jeder Schiene!
Sie stehn im Kreise still um dich herum;
Dein Auge bricht — dein Silberhorn ist stumm!

Ein dumpfes Reden drauf durchrollt die Wiese:
„Des Lebens Drang — es ist ein grimmer Riese!
Dem Ernsten Ehre, der ihn treu bestand!
Legt ihn in's Grab, sein Hüfthorn in der Hand!"

Ha, solch ein Loos! — Aufschauert leis die Esche;
Fernab das Pochen einer Eisenwäsche;
Vorüber jagt Gewitterwolkenflucht,
Und schwarz und schwärzer wird die Felsenschlucht.

Balladen und Romanzen.

Der Mohrenfürst.

1.

Sein Heer durchwogte das Palmenthal.
Er wand um die Locken den Purpurshawl;
Er hing um die Schultern die Löwenhaut;
Kriegerisch klirrte der Becken Laut.

Wie Termiten wogte der wilde Schwarm.
Den goldumreiften, den schwarzen Arm
Schlang er um die Geliebte fest:
„Schmücke dich, Mädchen, zum Siegesfest!

Sieh', glänzende Perlen bring' ich dir dar!
Sie flicht durch dein krauses, schwarzes Haar!
Wo Persia's Meerfluth Korallen umzischt,
Da haben sie triefende Taucher gefischt.

Sieh', Federn vom Strauße! laß sie dich schmücken,
Weiß auf dein Antlitz, das dunkle, nicken!
Schmücke das Zelt! bereite das Mahl!
Fülle, bekränze den Siegespokal!"

Aus dem schimmernden, weißen Zelte hervor
Tritt der schlachtgerüstete fürstliche Mohr;
So tritt aus schimmernder Wolken Thor
Der Mond, der verfinsterte, dunkle, hervor.

Da grüßt ihn jubelnd der Scluen Ruf,
Da grüßt ihn stampfend der Rosse Huf.
Ihm rollt der Neger treues Blut,
Und des Nigers räthselhafte Flut.

„So führ' uns zum Siege! so führ' uns zur Schlacht!"
Sie stritten vom Morgen bis tief in die Nacht.
Des Elephanten gehöhlter Zahn*
Feuerte schmetternd die Kämpfer an.

Es fleucht der Leu, es fliehn die Schlangen
Vor dem Rasseln der Trommel, mit Schädeln behangen.
Hoch weht die Fahne, verkündend Tod:
Das Gelb der Wüste färbt sich roth. —

So tobt der Kampf im Palmenthal!
Sie aber bereitet daheim das Mahl;
Sie füllt den Becher mit Palmensaft,
Umwindet mit Blumen der Zeltstäbe Schaft.

* Die Trompete der Neger.

Mit Perlen, die Persia's Flut gebar,
Durchflicht sie das krause, schwarze Haar,
Schmückt die Stirne mit wallenden Federn, und
Den Hals und die Arme mit Muscheln bunt.

Sie setzt sich vor des Geliebten Zelt;
Sie lauscht, wie ferne das Kriegshorn gellt.
Der Mittag brennt und die Sonne sticht:
Die Kränze welken, sie achtet's nicht.

Die Sonne sinkt, und der Abend siegt;
Der Nachtthau rauscht und der Glühwurm fliegt.
Aus dem lauen Strom blickt das Krokodill,
Als ob es der Kühle genießen will.

Es regt sich der Leu und brüllt nach Raub,
Elephantenrudel durchrauschen das Laub.
Die Giraffe sucht des Lagers Ruh',
Augen und Blumen schließen sich zu.

Ihr Busen schwillt vor Angst empor:
Da naht ein flüchtiger blutender Mohr.
"Verloren die Hoffnung! verloren die Schlacht!
Dein Bable gefangen, gen Westen gebracht!

An's Meer! den blanken Menschen verkauft!"
Da stürzt sie zur Erde, das Haar zerrauft,
Die Perlen zerdrückt sie mit zitternder Hand,
Birgt die glühende Wange im glühenden Sand.

2.

Auf der Messe, da zieht es, da stürmt es hinan
Zum Circus, zum glatten, geebneten Plan.
Es schmettern Trompeten, das Becken klingt,
Dumpf wirbelt die Trommel, Bajazzo springt.

Herbei, herbei! — das tobt und drängt;
Die Reiter fliegen; die Bahn durchsprengt
Der Türkenrapp und der Brittenfuchs;
Die Weiber zeigen den üppigen Wuchs.

Und an der Reitbahn verschleiertem Thor
Steht ernst ein krausgelockter Mohr;
Die türkische Trommel schlägt er laut,
Auf der Trommel liegt eine Löwenhaut.

Er sieht nicht der Reiter zierlichen Schwung,
Er sieht nicht der Rosse gewagten Sprung.
Mit starrem, trocknem Auge schaut
Der Mohr auf die zottige Löwenhaut.

Er denkt an den fernen, fernen Niger,
Und daß er gejagt den Löwen, den Tiger;
Und daß er geschwungen im Kampfe das Schwert,
Und daß er nimmer zum Lager gekehrt;

Und daß S i e Blumen für ihn gepflückt,
Und daß S i e das Haar mit Perlen geschmückt —
Sein Auge ward naß; mit dumpfem Klang
Schlug er das Fell, daß es rasselnd zersprang.

Schwalbenmährchen.

Auf dem stillen, schwülen Pfuhle
Tanzt die dünne Wasserspinn';
Unten auf kryftall'nem Stuhle
Thront die Unkenkönigin.

Von den edelsten Metallen
Hält ein Reif ihr Haupt umzogen,
Und wie Silberglocken schallen
Unkenstimmen durch die Wogen.

Denn der Lenz erschien; die Schollen
Sind zerflossen; Blüthen zittern;
Dumpfe Frühlingsdonner rollen
Durch die Luft, schwarz von Gewittern.

Wasserlilienkelche fließen
Auf des Teiches dunkelm Spiegel,
Und die ersten Schwalben schießen
Drüberhin mit schnellem Flügel.

Aus den zarten Schnäbeln leise
Tönt Gezwitscher in die Wellen:
„Viele Grüße von der Reise
Haben wir dir zu bestellen.

Lange waren wir in fremden
Sandbedeckten heißen Ländern,
Wo in weiten Kaftanhemden
Träge Turbanträger schlendern.

Purpurfarbne Wunderpflanzen
Dienten uns zu Meilenweisern;
Gelbe Mauren sahn wir tanzen
Nackt vor ihren Leinwandhäusern.

Lechzend auf dem warmen Sattel
Saß der Araber, der leichte,
Während Ziegenmilch und Dattel
Ihm auf's Pferd die Gattin reichte.

Auf die Jagd der Antilopen,
Kriegerisch, mit Spieß und Pfeile,
Zogen schlanke Aethiopen;
Klagend tönte Memnons Säule.

Aus des Niles Flut getrunken
Haben wir, matt von der Reise;
Gruß dir, Königin der Unken,
Von dem königlichen Greise!

Alles grüßt dich, Blumen, Blätter!
Doch zumeist der Grüße viele
Bringen wir von deinem Vetter,
Von dem Krokodill im Nile!"

Der Wecker in der Wüste.

Am Nilstrom in der Wüstenei
Da steht ein königlicher Leu,
Gelb, wie der Sand, auf dem er steht,
Gelb, wie der Smum, der ihn umweht.

Ein Königsmantel, dicht und schön,
Umwallt des Löwen Brust die Mähn';
Eine Königskrone, wunderbar,
Sträubt sich der Stirne straffes Haar.

Er hebt das Haupt empor und brüllt,
Sein Brüllen tönt so hohl, so wild;
Die Wüstenei durchrollt es dumpf,
Die Flut vernimmt's in Möris' Sumpf.

Dem Panther starrt das Rosenfell,
Erzitternd flüchtet die Gazell',
Es lauscht Kameel und Krokodill
Des Königs zürnendem Gebrüll.

65

Es hallt zurück vom Nilesstrand
Und von der Pyramiden Wand;
Die Königsmumie, braun und müde,
Erweckt's im Schooß der Pyramide.

Sie richtet sich im engen Schrein:
„Dank, Löwe, für dein zornig Dräun!
Manch lang Jahrtausend schlief ich schon,
Da weckt mich deiner Stimme Ton!

O, lange Zeit hab' ich verträumt!
Wo seid ihr, Jahre, glanzumsäumt,
Als Siegesbanner mich umflogen,
Als beine Ahnen, Leu, mich zogen?

Da saß ich hoch auf güldnem Wagen;
Die Deichsel war mit Gold beschlagen;
Von Perlen glänzte Speich' und Rad;
Mein war die Hundertpfortenstadt.

Und diese Sohle, schlaff und dürr,
Trat auf des Mohren Haargewirr,
Trat auf die gelbe Stirn der Inder,
Und auf den Nacken der Wüstenkinder.

66

Und diese Hand bezwang die Welt,
Die jetzt der starre Byssus hält.
Was jene Hieroglyphen sagen,
Hat diese Brust gezeugt, getragen.

Das Grabmal, so mich jetzt beschirmt,
Hab' ich mit eig'ner Hand gethürmt;
Ich saß auf speerbewachtem Thron:
Die Ziegelbrenner trieb der Frohn.

Mich schaukelte auf schnellem Kiel
Mein Unterthan, der breite Nil.
Der Nil, der fließt noch immer zu;
Ich liege längst in tiefer Ruh'.

Und dunkel ist's um mich herum!" —
Da wird der Löwe plötzlich stumm,
Und trüb wird auch des Todten Blick;
Er lehnt zum Schlummer sich zurück.

Der Blumen Rache.

Auf des Lagers weichem Kissen
Ruht die Jungfrau, schlafbefangen,
Tiefgesenkt die braune Wimper,
Purpur auf den heißen Wangen.

Schimmernd auf dem Binsenstuhle
Steht der Kelch, der reichgeschmückte,
Und im Kelche prangen Blumen,
Duft'ge, bunte, frischgepflückte.

Brütend hat sich dumpfe Schwüle
Durch das Kämmerlein ergossen,
Denn der Sommer scheucht die Kühle,
Und die Fenster sind verschlossen.

Stille rings und tiefes Schweigen!
Plötzlich, horch! ein leises Flüstern!
In den Blumen, in den Zweigen
Lispelt es und rauscht es lüstern.

Aus den Blüthenkelchen schweben
Geistergleiche Duftgebilde;
Ihre Kleider zarte Nebel,
Kronen tragen sie und Schilde.

Aus dem Purpurschooß der Rose
Hebt sich eine schlanke Frau;
Ihre Locken flattern lose,
Perlen blitzen drin, wie Thau.

Aus dem Helm des Eisenhutes
Mit dem dunkelgrünen Laube
Tritt ein Ritter kecken Muthes:
Schwert erglänzt und Pickelhaube.

Auf der Haube nickt die Feder
Von dem silbergrauen Reiher.
Aus der Lilie schwankt ein Mädchen;
Dünn, wie Spinnweb, ist ihr Schleier.

Aus dem Kelch des Türkenbundes
Kommt ein Neger stolz gezogen;
Licht auf seinem grünen Turban
Glüht des Halbmonds goldner Bogen.

Prangend aus der Kaiserkrone
Schreitet kühn ein Scepterträger;
Aus der blauen Iris folgen
Schwertbewaffnet seine Jäger.

Aus den Blättern der Narcisse
Schwebt ein Knab' mit düstern Blicken,
Tritt an's Bett, um heiße Küsse
Auf des Mädchens Mund zu drücken.

Doch um's Lager drehn und schwingen
Sich die andern wild im Kreise;
Drehn und schwingen sich, und singen
Der Entschlafnen diese Weise:

„Mädchen, Mädchen! von der Erde
Hast du grausam uns gerissen,
Daß wir in der bunten Scherbe
Schmachten, welken, sterben müssen!

O, wie ruhten wir so selig
An der Erde Mutterbrüsten,
Wo, durch grüne Wipfel brechend,
Sonnenstrahlen heiß uns küßten;

Wo uns Lenzeslüfte kühlten,
Unsre schwanken Stengel beugend,
Wo wir Nachts als Elfen spielten,
Unserm Blätterhaus entsteigend.

Hell umfloß uns Thau und Regen;
Jetzt umfließt uns trübe Lache;
Wir verblühn, doch eh' wir sterben,
Mädchen! trifft dich unsre Rache!"

Der Gesang verstummt; sie neigen
Sich zu der Entschlafnen nieder.
Mit dem alten dumpfen Schweigen
Kehrt das leise Flüstern wieder.

Welch' ein Rauschen, welch' ein Raunen:
Wie des Mädchens Wangen glühen!
Wie die Geister es anhauchen!
Wie die Düfte wallend ziehen!

Da begrüßt der Sonne Funkeln
Das Gemach; die Schemen weichen.
Auf des Lagers Kissen schlummert
Kalt die Lieblichste der Leichen.

71

Eine welke Blume selber,
Noch die Wange sanft geröthet;
Ruht sie bei den welken Schwestern, —
Blumenduft hat sie getödtet!

„Prinz Eugen, der edle Ritter."

Zelte, Posten, Werda-Rufer!
Lust'ge Nacht am Donauufer!
Pferde stehn im Kreis umher
Angebunden an den Pflöcken;
An den engen Sattelsäcken
Hangen Karabiner schwer.

Um das Feuer auf der Erde,
Vor den Hufen seiner Pferde
Liegt das östreich'sche Pikett.
Auf dem Mantel liegt ein Jeder,
Von den Tschako's weht die Feder,
Leutnant würfelt und Kornet.

Neben seinem müden Schecken
Ruht auf einer wollnen Decken
Der Trompeter ganz allein:
„Laßt die Knöchel, laßt die Karten!
Kaiserliche Feldstandarten
Wird ein Reiterlied erfreun!

Vor acht Tagen die Affaire
Hab' ich, zu Nutz dem ganzen Heere,
In gehör'gen Reim gebracht;
Selber auch gesetzt die Noten;
D'rum, ihr Weißen und ihr Rothen!
Merket auf und gebet Acht!"

Und er singt die neue Weise
Einmal, zweimal, dreimal leise
Denen Reitersleuten vor;
Und wie er zum letztenmale
Endet, bricht mit einemmale
Los der volle kräft'ge Chor:

„Prinz Eugen, der edle Ritter!"
Hei, das klang wie Ungewitter
Weit in's Türkenlager hin.
Der Trompeter thät den Schnurrbart streichen,
Und sich auf die Seite schleichen
Zu der Marketenderin.

Der Mann im Walde.

Der Krieg hat ihn vertrieben,
Er mußte fliehn und ziehn;
Im Grabe ruhn die Lieben:
Der Wald ist ihm geblieben,
Der Wald, so kühl und grün.

Den Wald hat er schon lange
Zur Heimath sich erwählt,
Hat in des Ufers Hange
Ein Haus sich ausgehöhlt.

Das ist ein Haus der Häuser,
Geziert mit mancher Zier;
Es decken grüne Reiser
Die graue Felsenthür.

Eine Streu von Blättern, gelber
Als Gold, ruht im Gemach;
Der stolze Bergwald selber
Belastet es als Dach.

O, Freude! zu bewohnen
Ein Haus von solcher Art!
Denn lust'ge Tannenkronen
Und Buchenbäume thronen
Hoch drauf, und Moose zart;

Und säuseln leis, und schwanken,
Und schaun in's Quellenthal,
Und ihre Wurzelranken
Umstricken das Portal.

Und schön auch ist es drinnen;
Da ist's so däfterhell;
Da schickt mit klaren Rinnen
Die Felswand einen Quell.

Da steht von rohen Steinen
Ein wärmender Kamin;
Da birgt der Mann in Schreinen,
Was ihm der Wald verliehn.

Da sind mit weißem Sinter
Die Wände tapezirt;
Da hauf't der Mann im Winter,
Wenn's draußen schneit und friert;

Und zehrt von Harm und Klagen,
Das Herze trostesleer,
Gleichwie bei Wintertagen
Vom eignen Fett der Bär.

Doch wenn vom Drosselschlage
Zuerst die Waldung klingt,
Und rings aus Baum und Hage
Das Volk der Knospen bringt;

Wenn frischen Saft dem Baste
Die Hand des Lenzes schickt,
Und von des Nußbaums Aste
Die staub'ge Blüthe nickt;

Wenn auf den nackten Zweigen
Der Fink: „Gut Frühjahr!" ruft:
Alsdann sieht man entsteigen
Den Mann der Felsenkluft.

Durch Busch und über Klippe
Wallt er und flieht das Haus,
Und gräbt mit seiner Schüppe
Die jungen Bäume aus.

Sammt ihren Wurzelfasern
Bringt sie der Schaufel Stich;
Seine Hand klopft von den Fasern
Die Erde säuberlich.

Er fügt zu einem Bunde
Der dünnen Stämmchen Zahl,
Und geht mit singendem Munde
Durch's sonnenhelle Thal.

Er singt: „Die Bäumchen bring' ich
Dem Gärtner in der Stadt!
Dem jungen Lenze sing' ich,
Der mich getröstet hat.

O seht! wie sind die Büsche,
Die knospenden, bethaut;
In welcher Wunderfrische
Prangt Zweig und schießend Kraut!

O diese Thauesperlen,
Dies Balsamnaß im März
Auf Eichen und auf Erlen
Ist Balsam für dies Herz:

Weiß draus den Schmerz zu saugen,
Lodt sein Geschwisterkind,
Das Freudennaß der Augen;
Das rieselt still und lind!

Wie singt's, wie klingt's im Weiler!
Wie strahlend rings, wie bunt!
Wie dampft des Köhlers Meiler!
Ihr milden Allesheiler,
Lenz, Wald, macht mich gesund!"

So singt der Höhlenpförtner
Den schlichten Freudenreim,
Bringt, was er trägt, dem Gärtner,
Und geht in Frieden heim.

Banditenbegräbniß.

Auf blut'ger Bahre rastet
Ein Leichnam, blaß und kalt;
Den tragen, schwer belastet,
Sechs Männer durch den Wald.
Sechs Männer, schwarz von Haare,
Bewehrt mit Blei und Stahl,
Gehn schweigend mit der Bahre
Durch's düstre Fichtenthal.

Die Bahr' sind zwei Gewehre
Mit Läufen rund und lang:
Darüber sind die Quere
Gelegt drei Schwerter blank.
Auf Klingen ruht, der muthig
Einst selber schwang das Erz;
Sein Haupt, entstellt und blutig,
Hängt rücklings erdenwärts.

Weit klafft die rothe Wunde
Am bleichen linken Schlaf,
Wo ihn zur bösen Stunde
Die Todeskugel traf.
Es tröpfelt von den Locken
Geronnen Blut und Hirn;
Vom Wehn der Berge trocken,
Umklebt es Hals und Stirn.

Das Aug' ist blutumflossen,
Der Wange Braun entflohn.
Die Lippen, fest geschlossen,
Umzuckt ein bittrer Hohn.
Die Rechte, die im Kampfe
Das Schwert mit Macht geführt,
Hält's noch mit starrem Krampfe,
Daß sie es nicht verliert.

Es blitzte Tod dem Sbirren;
Er läßt es nimmer los.
Es schleift mit leisem Klirren
Durch Steingeröll und Moos.
Wie dicke, blut'ge Thränen,
Rinnt rieselnd Blut daran:
Das Schwert, so muß man wähnen,
Weint um den todten Mann.

Die Linke, zugekniffen,
Hält starr den Gürtelshawl,
Als hätt' er ihn ergriffen
In letzter Todesqual.
Gelös't wehn Schnur und Litze
Um sein zerhau'n Collet,
Am Gurt mit scharfer Spitze
Schwebt lässig das Stilet.

So liegt der bleiche Schläger,
Der einst so wild, so kühn;
So tragen ihn die Träger
Im finstern Apennin;
So ruht er auf den Degen; —
Im tiefsten tiefen Wald,
Fernab von Straß' und Wegen,
Da ruft der Führer: „Halt!"

Da klirrt die Bahre nieder,
Und muß nun Schaufel sein;
Da graben ihm die Brüder
Ein Grab tief in den Rain.
Kein Sarg macht ihm Beschwerde:
Los, ledig, sonder Druck,
Grüßt er sein Bett, die Erde,
Im Blut- und Waffenschmuck.

Die Feier ist vollendet,
Das Grab steht schwarz und baar;
Mit finsterm Schweigen wendet
Sich ab die kleine Schaar.
Sie sehn nach den Gewehren;
Sie laden, da tönt schrill
Ein Pfeifen! — in die Föhren
Stürzt Jeder! — Alles still!

Piratenromanze.

1.

Auf dem Decke der Gabarre
Liegt der Scheik der Christenhunde,
Die erloschene Cigarre
Von Havanna in dem Munde.

O, wohl mochte die Cigarre,
Castilianer, dir verglimmen,
Da du hörtest zur Guitarre
Die holdseligste der Stimmen.

Angethan mit welscher Seide
Und mit Tüchern vom Hoangho,
Tanzt Juana, deine Freude,
Mit dem Bootsmann den Fandango.

Auf der leichten Füße Spitzen
Schwebt sie um die braunen Masten,
Ihres Gürtels Spangen blitzen,
Die mit Perlen eingefaßten.

84

Ihre Wange gleicht der Rose
In den Gärten von Sevilla;
Um die weißen Achseln lose
Weht und flattert die Mantilla.

Ihre Locken hält ein grünes
Netz; die beiden kleinen Mohren
Denken nicht des Tambourines;
Alles ist in Schaun verloren.

Auf den Raa'n, auf den Laffeten
Sitzt die Mannschaft, wie gebannt;
Castagnetten und Trompeten
Statt der Luuten in der Hand. —

Die Guitarre nach dem Tanze
Reicht in Demuth ihr ein Mohr.
Glänzenden Auges die Romanze
Von dem Cid Campeador

Singt sie. Horch, von den Palästen
An dem Guadalquivir
Singt sie; von den nächt'gen Festen
Zu des Tambourins Geklirr;

Von der golfbespülten Zone,
Die das Fahrzeug bald ersteuert;
Wo der träge Lazzarone
Einen ew'gen Sonntag feiert.

Horch, von Roma, von Milano
Singt sie, wo Banditen streifen —
Capitano, Capitano!
Besser wär's, dein Schwert zu schleifen!

2.

Auf dem weiten Mittelmeere
Gilt des Muselmanns Gesetz!
Pfeilschnell rudert die Galeere,
Sklaven braucht der Markt von Fez!

Bei dem buhlerischen Tanze
Denken sie nicht an Abdallah.
Furchtbar schimmert Mahoms Lanze —
Dreht das Schiff! — Allah il Allah!

Eine Salve durch die Laken!
Rechte Hand am Säbelgriffe!
Rud'rer, werft die Enterhaken!
Bretter legt von Schiff zu Schiffe!

Stürzt hinein! der Säbel hacke,
Bis sie die Gewehre strecken!
Spritzt auch Blut auf eure Jacke —
Roth auf Roth macht keine Flecken! —

Groß ist Allah! — Starr, voll Wunden,
Liegt der Hauptmann bei den Todten.
Die Lebend'gen knien gebunden
Auf dem Deck, dem blut'gen, rothen.

Wie sie knirschen mit den Zähnen!
Ha! und dort weint Juanina!
Herrin, trockne deine Thränen
Mit dem bunten Tuch aus China!

In Marokko's sand'gem Thale,
Hinter rief'ger Palmenfächer,
In der Sonne gelben Strahle
Schimmern des Seraglio's Dächer.

Was ist dieser Dritthalbmaster?
Traun, vor dir die Segel streicht er.
Morgen um fünftausend Piaster
Ist des Sultans Seckel leichter.

Der Falk.

Die Fürstin zog zu Walde
Mit Jägern und Marschall;
Da sah sie reiten balde
Ein junger Edelfalk.
Er sprach: „Wie klirrt dein Bügel;
Wie glänzt Agraff und Treff';
Wie locker hängt dein Zügel,
Holdselige Prinzeß!

Wie sitzest du zu Pferde
So königlich und schlank!
Wie weht zur grünen Erde
Dein Schleier weiß und lang!
Wie nickt dein Hutgefieder
Vom flücht'gen wilden Ritt!
Wie zieret deine Glieder
Das knappe Jagdhabit!

O, könnt' ich deinen Reizen
Allzeit ein Diener sein!
Den Reiher wollt' ich beizen,
Herrin, für dich allein!

Ich wollte mit ihm ringen,
Dein starkes Federspiel,
Bis er, mit blut'gen Schwingen,
Zu deinen Füßen fiel'!"

Bezwungen von Verlangen,
Duckt er in's Haideland;
Er läßt sich willig fangen
Von eines Pagen Hand.
Der bietet ihn der Holden
Dar, mit gebognem Knie;
Mit einem Ringe golden
Schmückt den Gefangnen sie.

Nun muß er sie begleiten
Mit seiner krummen Klau'
Muß er für sie bestreiten
Den Reiher, silbergrau.
Er trägt eine Lederkappe,
Sie nimmt ihn mit auf's Pferd.
Burgherr und Edelknappe
Hält ihn des Neides werth.

Die Schreinergesellen.

„Fürwahr, ein traurig, ein schaurig Thun!
Eine Leiche soll zwischen den Brettern hier ruhn!"

„„Du Weichherz! wie, deine Thräne rinnt?
Was schiert dich fremder Leute Kind!""

„So sei doch auch nur nicht gleich so arg,
Bedenk', es ist ja mein erster Sarg!"

„„Sei's erster, sei's letzter! da, thu' mir Bescheid!
Und sing' eins, und schaff dir kein Herzeleid!

Zerschneide die Bretter, und nimm den Stab,
Und hoble die knirschenden Späne ab!

Und füge zusammen wohl Brett an Brett,
Und schwärze fein sauber das enge Bett!

Und leg' in den firnißduftenden Schrein
Die Späne, die abgefallnen, hinein!

Auf den Spänen muß ruhn der verwesliche Staub,
Das ist ein gemeiner Schreinerglaub'.

Und trage den Sarg in's Trauerhaus!
Leich' hinein! Deckel zu! und dann ist's aus!"

„Wohl zerschneid' ich die Bretter, wohl nehm' ich den Stab,
Wohl meß' ich hinauf, und wohl meß' ich herab.

Wohl hobl' ich die rauhen Bretter glatt,
Doch mein Aug' ist trüb, und mein Arm ist matt.

Wohl füg' ich die Bretter hin und her,
Doch mein Herz ist voll, und mein Herz ist schwer.

O, ein traurig Thun und ein schaurig Thun!
Eine Leiche soll zwischen den Brettern hier ruhn!"

Barbarossa's erstes Erwachen.
1529.

Es lag die goldne Aue
Im blut'gen Frührothschein,
Als wär' mit blut'gem Thaue
Besprengt der gelbe Rain.
Ernst blickte der Kyffhäuser
Durch Nebel auf die Flur,
Als der gebannte Kaiser
Auf aus dem Schlummer fuhr.

Er schaute zornesmuthig
Die Schaar der Diener an.
„Im tiefen Schlummer ruht' ich;
Wer hat mir das gethan?
Wer, trotzend meinem Grimme,
Riß jach mich in die Höh',
Und rief mit dumpfer Stimme:
Weh', Hohenstaufe, Weh'!

Wer hat mit Schwertgeklimper
Gerasselt hier zur Stund'?
Wer hielt mir vor die Wimper
Die Leinwand, farbenbunt?
Wer hat mir Truggestalten
Gezeigt im wirren Traum?
Blutrothe Tücher wallten
Auf eines Marktes Raum.

Hoch saß ein Mann zu Throne,
Deß Auge blickte List,
Und sah mit finsterm Hohne
Herab auf ein Gerüst;
Das ragte, schwarz behangen,
Aus Lanzen und Volkshauf',
Zwei Knaben, bleich von Wangen
Die standen obenauf.

Und zu der Knaben Seite,
Auf des Gerüstes Höh'n,
Sah' ich, ein graus Geleite,
Den Henker wartend stehn;
Er stand in rother Mütze,
Im scharlachrothen Rock;
Sein Schwert war seine Stütze;
Vor ihm der Todesblock.

Da schmetterten die Zinken
Mit hellen Tönen: Mord!
Seht ihr des Königs Winken,
Hört ihr sein herrschend Wort?
Schnell wirft der eine Ritter
Den Handschuh unter's Volk;
Das murrt, wie, vom Gewitter
Erregt, ein Meeresvoll.

Er legt das Haupt, das bleiche,
Fest auf den Eichenstumpf.
Das Schwert mit Einem Streiche
Trennt es vom schlanken Rumpf.
Weit spritzt des Blutes Quelle;
Der König sieht's und winkt,
Und lächelt, als zur Stelle
Das Haupt des Zweiten sinkt.

Auf meine Wappenschilder,
Die geborstnen, rollt ihr Haupt,
Wer wies mir solche Bilder?
Wem hab' ich das erlaubt?
Wer, trotzend meinem Grimme,
Riß jach mich in die Höh',
Und rief mit dumpfer Stimme:
Weh', Hohenstaufe, Weh'!"

Die Zwerge stehn und zagen,
Und neigen das Gesicht.
„Wer wollte solches wagen?
Wir, Herre, sicher nicht!"
Zur selben Zeit sah Neapel
Den jungen Konradin
Auf blutbespritztem Stapel
Mit Schwabens Friedrich knien.

Da fuhr der bärt'ge Kaiser
Zuerst empor vom Pfühl;
Sah träumend im Kyffhäuser
Des eignen Stammes Ziel.
Er schilt und starrt verwundert,
Und blinzt dann wieder stumm; —
Beinah war ein Jahrhundert
Vom langen Schlaf herum.

Meerfahrt.

Da schwimm' ich allein auf dem stillen Meer:
Keine Welle rauscht, es ist eben und glatt.
Auf dem sandigen Grunde prächtig und hehr
Glänzt die alte versunkene Stadt.

In alter verschollener Mährchenzeit
Verstieß ein König sein Töchterlein;
Da lebt' es über den Bergen weit
Im Walde bei sieben Zwergen klein.

Und als es starb durch des Giftes Kraft,
Ihm eingeflößt von der Mutter arg,
Da legt' es die kleine Genossenschaft
In einen krystallenen Sarg.

Da lag es in seinem weißen Kleid,
Bekränzt mit Blumen, duftend und schön;
Da lag es in seiner Lieblichkeit,
Und sie konnten es immer sehn.

So liegst du in deinem Sarg von Krystall,
Du geschmückte Leiche, versunknes Julin!
Der spielenden Flut durchsichtiger Schwall
Zeigt deiner Palläste Glühn!

Die Thürme ragen düster empor,
Und geben schweigend ihr Trauern kund;
Die Mauer durchbricht das gewölbte Thor,
Es schimmern die Kirchenfenster bunt.

Doch in der schauerlich stillen Pracht
Keines Menschen Tritt, keine Lust, kein Spiel:
Auf Straßen und Märkten ungeschlacht
Treibt sich der Fische Gewühl.

Sie glotzen mit glasigen Augen dumm
In die Fenster und in die Thüren hinein;
Sie sehn die Bewohner schläfrig und stumm
In ihren Häusern von Stein.

Ich will hinunter! ich will erneun
Die versunkne Pracht, die ertrunkne Lust!
Die Zauber des Todes will ich zerstreun
Mit dem Odem meiner lebendigen Brust!

Er füll' auf's Neue zu Kampf und Kauf
Die Säulenhallen, des Marktes Raum!
Ihr Mädchen, schlaget die Augen auf,
Und preiset den langen Traum!

Hinab! — Nicht rudert er fürder! Schlaff
Und reglos sinken ihm Arm und Fuß;
Ueber seinem Haupte schließt sich das Haff;
Er entbietet der Stadt seinen Gruß.

Er lebt in den Häusern der alten Zeit,
Wo die Muschel blitzt, wo der Bernstein glüht.
Unten die alte Herrlichkeit,
Oben ein Fischerlied.

Der Bivouac.

Ein Feu'r im Wüstensande,
Zwei Gräben, ein Verhack,
Musketenpyramiden —
Ein Frankenbivouac!

Das sind die Grenadiere
Von Klebers Vorderhut.
Es sitzt, daß er sie schüre,
Der Feldherr an der Glut.

Auf müdem Knie die Karte,
Ruh'nd in der Flamme Schein,
So schlummert Bonaparte
Gemach am Feuer ein.

Und mit ihm auf Laffete
Und Mantel seine Schaar:
Es nickt an der Muskete
Der Schilderer sogar.

100

Schlaft zu, ihr müden Fechter!
Schlaft aus die letzte Schlacht!
Es halten stille Wächter
Um eure Gräben Wacht!

Laßt plänkeln Murabs Reiter!
Laßt kommen Mann und Roß!
Es wollen seltne Streiter
Behüten euren Troß!

Es wacht für euch ein Meder,
Der mit aus Theben ritt;
Der in der Spur der Räder
Von Cyrus Sohne schritt.

Ein hoher Macedone
Tritt eurer Brüstung nah',
Der Alexanders Krone
Beim Ammon funkeln sah.

Und sehet: noch ein Schemen!
Ein Kämpfer auf dem Nil,
Ein Führer von Triremen,
Der unter Cäsar fiel!

101

Die einst der Welt geboten,
Auf sand'gem Wüstenfeld,
Sie schicken ihre Todten
Dem neuen Herrn der Welt.

Lebendig an's Gelober
Der Flamme tritt das Grab;
Sie schütteln Sand und Moder
Von ihren Panzern ab.

Es funkeln die uralten
Gewaffen durch die Nacht;
Es wehn des Chlamis Falten
In alter, blut'ger Pracht.

Sie wehn um eine Stirne,
In der es kocht und gährt.
Der Held, als ob er zürne,
Tief athmend fährt an's Schwert.

Er träumt: — in hundert Reichen
Erhebt sich ihm ein Thron.
Er zieht mit goldnen Speichen
Einher, wie Ammons Sohn.

Es jauchzt ihm tausendkehlig
Der glüh'nde Orient;
Derweil die Flamme mälig
Verglimmend niederbrennt.

Die seidne Schnur.

1.

Im Harem weilt der Großwessir;
Mit Dolch und Flinte vor der Thür
Steht Wache haltend der Arnaut;
Auf eines Tigers bunter Haut

Liegt der Gebieter. — Schleierlos,
Kein Gurt umfängt den vollen Schooß,
Aus Purpurfalten glänzt wie Schnee
Ihr Fuß mit ringgeschmückter Zeh';

Entfesselt rollt ihr Haupthaar hin —
Ruht schlummernd die Circassierin
An seiner Brust; vom Kaukasus
Der Demant glänzt am Bosporus.

Sein Auge glüht; sein Barthaar wallt
Auf die wollüstige Gestalt.
Sie träumt; sie lächelt; der Email
Der Zähne glänzt; — „Birgt dein Serail,

Soliman, solch ein Weib?" — Er sinkt
Zu ihr hinab, brünstig umschlingt
Er sie, berauscht von ihrem Hauch,
Von Moschusduft und Ambrarauch.

2.

„"Ein Reitertrupp! — der Aga der
Eunuchen, Jussuf!"" — „Bringt ihn her!
Jussuf, der Neger aus Dar Fur,
Reicht grinsend ihm — die seidne Schnur.

3.

Wie die Oase der Samum
Versengt, gleichwie das Opium
Betäubt, wie gift'gen Hauchs die Pest
Hinwirft, und ihren Raub nicht läßt:

So treffen des Verschnittnen Worte
Den Großwessir der hohen Pforte.
Sein Mund wird blau, sein Antlitz fahl,
In Stücke reißt er seinen Shawl.

„Daß dich des Blitzes Glut versehrt,
O Maulbeerbaum, der du genährt
Den Wurm, der diese Seide spann!
Verdorren soll die Hand dem Mann,

105

Der knechtisch diese Schnur gedreht,
Die — von Roßschweifen einst umweht!
An Leila's — meine Zeit ist um!
Das Schicksal will es! — Opium!

Ha, daß mich kein Rhotiser Spieß
Im Handgemenge jäh durchstieß!
Ha, daß mich nicht im goldnen Mörser,
Zerstampfte der siegtrunk'ne Perser!

Ich ward verschont! — Der Strang von Seide
War mir bestimmt!" — er sinnt; der Scheide
Nimmt er den Dolch; hin fliegt die Schnur
Auf des Gemaches Teppichflur.

Leila's Gelock, lang, wallenden Falls,
Schlingt er sich um den sehn'gen Hals;
Fest knüpft er es; sie schläft; das Erz
Stößt er ihr abgewandt durch's Herz.

Sie zuckt empor; sie will entfliehn;
Die Haare — sie erdrosselt ihn!
Um seinen Mund spielt gräßlich Lächeln,
Dumpf durch's Gemach schallt Beider Röcheln.

Der Tod des Führers.

„Von den Segeln tropft der Nebel,
Auf den Buchten zieht der Duft.
Zündet die Latern' am Maste!
Grau das Wasser, grau die Luft.
Todtenwetter! — zieht die Hüte!
Mit den Kindern kommt und Frau'n!
Betet! denn in der Kajüte
Sollt ihr einen Todten schau'n!"

Und die deutschen Ackersleute
Schreiten dem aus Boston nach,
Treten mit gesenktem Haupte
In das niedre Schiffsgemach.
Die nach einer neuen Heimath
Ferne steuern über's Meer,
Sehn im Todtenhemd den Alten,
Der sie führte bis hieher;

Der aus leichten Tannenbrettern
Zimmerte den Hüttenkahn,
Der vom Neckar sie zum Rheine
Trug, vom Rhein zum Ocean;
Der, ein Greis, sich schweren Herzens
Losriß vom ererbten Grund;
Der da sagte: "Laßt uns ziehen!
Laßt uns schließen einen Bund!"

Der da sprach: "Brecht auf nach Abend!
Abendwärts glüht Morgenroth!
Dorten laßt uns Hütten bauen,
Wo die Freiheit hält das Loth!
Dort laßt unsern Schweiß uns säen,
Wo kein todtes Korn er liegt!
Dort laßt uns die Scholle wenden,
Wo die Garben holt, wer pflügt!

Lasset unsern Herd uns tragen
In die Wälder tief hinein!
Lasset mich in den Savannen
Euren Patriarchen sein!
Laßt uns leben wie die Hirten
In dem alten Testament!
Unsres Weges Feuersäule
Sei das Licht, das ewig brennt!

Dieses Lichtes Schein vertrau' ich,
Seine Führung führt uns recht!
Selig in den Enkeln schau' ich
Ein erstandenes Geschlecht!
Sie — ach, diesen Gliedern gönnte
Noch die Heimath wohl ein Grab!
Um der Kinder willen greif' ich
Hoffend noch zu Gurt und Stab.

Auf darum, und folgt aus Gosen
Der Vorangegangnen Spur!" —
Ach, er schauete, gleich Mosen,
Kanaan von ferne nur.
Auf dem Meer ist er gestorben,
Er und seine Wünsche ruhn;
Der Erfüllung und der Täuschung
Ist er gleich enthoben nun'!

Rathlos die verlass'ne Schaar jetzt,
Die den Greis bestatten will.
Scheu verbergen sich die Kinder,
Ihre Mütter weinen still.
Und die Männer schau'n beklommen
Nach den fernen Uferhöhn,
Wo sie fürder diesen Frommen
Nicht mehr bei sich wandeln sehn.

„Von den Segeln tropft der Nebel,
Auf den Buchten zieht der Duft!
Betet! laßt die Seile fahren!
Gebt ihn seiner nassen Gruft!"
Thränen fließen, Wellen rauschen,
Grellen Schrei's die Möve fliegt;
In der See ruht, der die Erde
Fünfzig Jahre lang gepflügt.

Der Wassergeuse.

Die Nordsee hat den Todten
An's Ufer ausgespie'n;
Der Fischer sieht ihn liegen,
Und schreitet von der Dün'.

Er drückt aus seiner Schärpe
Das Wasser und das Blut;
Er lüftet ihm den Panzer,
Und nimmt ihm ab den Hut;

Den Hut mit bunten Federn
Mit Halbmond und Agraff';
Meersand verklebt die Umschrift,
Das: „Lieber Türk, als Pfaff'!"

Was lüftest du den Panzer,
Und trägst den Mann an's Land?
Nie mehr zu Schwert und Steuer
Greift dieses Ritters Hand.

111

Als er, sich nachzuschwingen,
Des Spaniers Bord gepackt,
Beim Entern hat ein Schiffsbeil
Die Faust ihm abgehackt.

Er stürzte jäh zurück;
Das Meer begrüßt' ihn bumpf.
Hier warf's ihn aus; noch blutet
Der unverbundne Stumpf.

Nach Seelands Ufern schwemmt' es
Den ritterlichen Leib.
An Frieslands Küste findet
Die Hand ein blühend Weib. —

Ein Anker, schwarz und rostig,
Vom Wellenbunste feucht,
Steht aufrecht dort, ein Weiser
Wie weit die Meerflut steigt.

Auf den sich lehnend, späht sie,
Ob nicht ein Segel schwillt,
Ob nicht ein Wimpel flattert —
Recht wie der Hoffnung Bild.

Da kommt die Hand geflogen,
Als wär's zu Druck und Gruß.
Die bleichen starren Finger
Berühren ihren Fuß.

Und an der Finger Einem
Glänzt dunkelroth ein Stein;
In den sieht man gegraben
Die Falken und den Leu'n.

Nicht rauscht fortan den Seven
Der Falken Flügelschlag;
Dies ist die Hand des Löwen,
Der ihr zu Füßen lag;

Für dessen Stirne fürder
Sie keine Kränze flicht. —
Es fängt schon an zu dämmern;
Ich seh' ihr Antlitz nicht.

Ich sehe nicht, ob dunkel
Ihr Aug' in Thränen schwimmt;
Doch seh' ich, wie sie zitternd
Die Hand vom Boden nimmt,

In ihren weißen Schleier
Die blut'gen Reste hüllt,
Und heim wankt durch die Dünen, —
Nicht mehr der Hoffnung Bild.

Die Grusenwacht.

Es war bei einem Zapfer
Im Weichbild Rotterdams,
Da becherten sie tapfer
In Federhut und Wamms.
Sie ritten nach Vlissingen,
Und wollten ziehn vor Tag;
Mit Trinken und mit Singen
Hält man sich leidlich wach.

Die Maas ist zugefroren,
Von Eis glänzt jede Gracht.
Den Mantel um die Ohren,
Steht vor der Thür die Wacht.
Eiszapfen, Schneegeträufel
Liebt auch kein Hellbarbier!
„Die Zapfen hol' der Teufel!
Den Zapfen lob' ich mir!"

Doch drinnen, aufzuthauen
Den Frierer auf der Hut,
Schallt's: „Wilhelm von Nassauen
Bin ich, von deutschem Blut.
Ein Prinze von Oranien
Bin ich frei unverwehrt!
Den König von Hispanien
Hab' ich allzeit geehrt."

Er stellt sich vor die Scheiben
Und schaut in das Gemach:
Da ist ein wüstes Treiben,
Da spricht man von der Sach',
Für die man ziehn und fechten,
Und Blut will lassen gern.
Sie reden und sie rechten,
Die knebelbärt'gen Herrn.

Gescheuert an den Wänden
Reihn sich die Fässer blank;
Die Wirthin mit behenden
Schenkmädchen übt den Schank.
Ihr Haar schmückt statt des Bandes
Ein Goldblech, kriegrisch schier;
Der Frauen dieses Landes
Gewohnte Schläfenzier.

Das eilt sich — an den Tischen
Wird oft der Krug geleert;
Da sitzen die Reiter, zwischen
Den Knien ihr gutes Schwert.
Wohl ist des Hutes Feder
Von Pulverdampf vergilbt,
Doch keck hat ihn ein Jeder
Auf's blonde Haar gestülpt;

Und keck wird er geschwungen,
Der Wein spritzt in die Höh',
Von fünfundzwanzig Zungen
Vernimmt man: "Vivent les Gueux!"
Und wenn die Krüge tröpfeln,
Wenn jeder Kelch geleert,
Dann werden mit den Klöpfeln
Die Gläser umgekehrt.

Dann gibt's ein helles Klingen,
Dann werden Glocken draus,
Dann läuten sie mit Singen
König und Herzog aus.
Dann greift ein jeder Reiter
Von selbst nach seinem Schwert,
Dann singt ein jeder Läuter,
Daß man es weithin hört:

„Rasch, siebenzehn Provinzen,
Stellt euch nun auf den Fuß!
Empfanget nun den Prinzen
Mit freundelichem Gruß!
Stellt euch zu sein'n Panieren,
Jeder als treuer Mann!
Thut helfen verlogiren
Duc d'Alve, den Tyrann!

Nicht um euch zu verderben,
Kommt er, dies treulich glaubt!
Er läßt euch wied'rum erben,
Was man euch hat geraubt.
Zu gut dem König von Spanien
Thut offenen Beistand
Dem Prinzen von Oranien,
Als seinem Leutnant.

Sein' Trommeln und Trompeten
Bringen euch kein Dangier!"
„Das klebt am Tisch, wie Kletten!"
Spricht da der Hellbarbier.
Er ruft: „Nun laßt uns jagen
Zum Grafen von Lumé!
Es fängt schon an zu tagen,
Auch leuchtet uns der Schnee!"

Sie hören auf zu schellen!
„Ruft der uns schon zu Hauf?"
Sie ziehen aus den Ställen
Die Roß', und sitzen auf.
Es geht im scharfen Trotte
Durch die bereifte Früh';
Gen Süden von der Rotte
Zur Schelde traben sie.

Lieve Heere.

Der Spanier liegt vor Zierihzee
Mit seinen Schiffen all';
Die Bürger drinnen hungern sehr,
Und fürchten nahen Fall.

Sie sagen: "Wer nimmt diesen Brief,
Und trägt ihn durch das Meer?
Dem Prinzen bringt er einen Brief,
Und uns bringt er ein Heer."

Da waren in der Veste Zwei,
Die sprachen: "Wir! gebt her!"
Lieve Heere war des Einen Nam',
Jan Schagl des Andern der.

Jedweder nähte seinen Brief
Wohl in sein ledern Wamms,
Und stürzte sich in's Wasser frisch,
Und trat es, und durchschwamm's.

Die Spanier setzten Boote aus,
Und machten auf sie Jagd;
Wer sich gefangen nehmen ließ,
Das war der Meister Schlagt.

Doch als nun Speer und Schlinge flog,
Daß man den Heere sah',
Als er nur Spanier um und um
Und keinen Ausweg sah:

Da warf er in den Nacken stolz
Sein triefend Haupt zurück,
Und sah die Herrenknechte an
Mit einem stolzen Blick.

„Wir haben ihn, wir haben ihn!" —
Da taucht' er unter schnell!
Glück zu! auf Nimmerwiedersehn!
Du triefender Gesell!

Die Meerflut schloß sich über ihm,
Und über seinem Brief;
Kein Teufel wußt', was drinnen stand —
Das Meer ist dort sehr tief.

Terzinen.

Die irische Wittwe.

Ich lese wenig jetzt in Zeitungsblättern
  Und will mich gern, daß ich es lasse, schämen.
Zuweilen nur, um das Trompetenschmettern
Von den Geschwadern Mina's zu vernehmen;
  Um am Piräus Ludwigs Sohn zu schauen,
  Wie er ihn füllt auf's Neue mit Triremen;
Um still erfreut zu segnen Deutschlands Frauen;
  Die da ihr Scherflein bringen allerorten,
  Daß ihrem Sänger man ein Mal kann bauen;
Um mit dem Herold an des Klosters Pforten
  Für Kaiser Franzen Einlaß zu begehren,
  Gerührt zu lauschen seinen letzten Worten,
Und die Gebete seines Volks zu hören;
  Um — an dem Tag, wo Er und zwei Genossen
  Paris sich öffnen sahen ihren Heeren —
Zum Rhein zu gehn, zum Platz, wo man erschossen
  Eilf Männer Schills; — ein ehern Monument
  Wird heut enthüllt dort, wo ihr Blut geflossen —
Um Das und Andres, was ihr jetzt schon kennt,
  Aus minder Tröstlichem herauszufischen,
  Nehm' ich zuweilen, was man Zeitung nennt.

So saß ich auch, zwei Monden sind es, zwischen
Kaufherrn und Schiffern auf dem Kaffeehause,
Und blätterte, das Herz mir zu erfrischen.
Um mich herum war Stimmen und Gebrause,
Und laut Geruf; — so grade les' ich gerne!
Vier Sprachen hör' ich nicht auf meiner Klause.
Welsch, Dänisch, Englisch — das erst bringt die Ferne
Von der ich lese, meinem Geiste nah. —
So denn am Heerd, vertrauend meinem Sterne,
Laub im Papiermeer suchend, saß ich da.
Rings auf den Tischen klapperten die Steine
Des Domino; — „à Point!" und drauf: „Point à!"
Begann der Zähler drüben sein Gegreine. —
Nichts! — Ungeschlagen! — Ha, was ist das? — Gott!
Es läuft mir kalt durch Adern und Gebeine.
Täuscht mich ein Traum? bin ich des Schreibers Spott?
Nein, es ist wahr! es hat sich zugetragen!
Acht Tage sind es kaum! ich hör' den Trott
Der Reiter noch, die nach der Hütte jagen!
Hört: weil ein irisch Weib, in Wittwennöthen,
Den Zehenten nicht zeitig abgetragen,
Ließ ihr den einz'gen Sohn ein Priester — tödten!
Fünf Pfund! — ein Priester! — einer Wittwe Sohn!
Die Lippe bebt mir, aber nicht zu beten,
Und die von selbst geballten Fäuste drohn.
Ohnmächtig Zürnen! nennt es nicht so! — ward

Das Wort mir nicht, zu züchtigen den Frohn?
Dies Blatt ist einzig für die Gegenwart,
 Den Augenblick, fort weht es mit der Stunde;
 Doch um den Dichter drängen sich geschaart
Die Enkel noch; was er mit seinem Munde
 Gebrandmarkt, bleibt es; mächtig bringt das Lied
 In Ohr und Herzen, sorgend, daß die Kunde
Nicht untergeht. — Von Zornesloh durchglüht,
 Wollt' ich das Bild mit seinen kleinsten Zügen —
Da liegt der Sohn! starr, blutig jedes Glied!
Der knie'nden Mutter greise Haare fliegen; —
 Euch augenblicklich vor die Seele stellen,
 Treu, Strich für Strich, und keiner sollte lügen.
Es war so leicht! es war Gedicht: — doch Schellen
 Des Reims zu hängen an dies Wittwenkleid —
 Ich mocht' es nicht! So meines Zornes Wellen
Dämmt' ich zurück in meine Brust bis heut',
 Und habe nicht im Liede sie ergossen. —
 Jetzt denk' ich wieder an das Herzeleid
Der Zitternden, der man den Sohn erschossen.
 Zwei Monden sind es — kurze Zeit fürwahr!
 Und doch, in mir wie dämmernd, wie zerflossen
Das düstre Bild, wie farblos ganz und gar! —
 Ich fragte hastig nach dem alten Blatte:
 Verflattert war es längst, und Keiner war,
Der da bewahrt in seinem Herzen hatte

Die Schandthat des Entweihers seiner Weihen.
Da fuhr ich auf, warf zürnend auf die Latte
Den Zeitungsstoß; fast wollt' es mich gereuen,
Daß ich geschwiegen, da noch frisch im Ohr
Mir klang der Mutter herzzerreißend Schreien.
Es ist geschehn! doch red' ich jetzt; — verlor
Sich in mir auch des ersten Eindrucks Frische,
Doch führ' ich das Entsetzliche euch vor,
Auf daß nicht ganz die Zeit sein Bild verwische;
Wer wehrt es mir, daß Schatten ich beschwöre?
Wohl red' ich nicht, wie am Geschwornentische
Die Wittwe sprach, berufen zum Verhöre;
Mit besseren Worten sprach sie, und mit schlichtern.
Doch — vor der Hütte blitzen die Gewehre!
Hört eine That, wie sie noch nicht von Dichtern
Beschrieben ward! hört eines Priesters Schmach!
So sprach die Wittwe Ryan zu den Richtern:
„Ich war auf's Feld gegangen jenen Tag,
Unfern vom Dorf; es lag zu meinen Füßen.
Und da mir Dick gesagt: ich komme nach,
So harrt' ich sein. Auf einmal hört' ich schießen,
Und durch die Dächer sah den Dampf ich wehn.
Da kam des Nachbars Weib mit hast'gem Grüßen;
Die frag' ich zitternd: habt ihr Dick gesehn?
Sie sagte: nein! doch drin im Dorfe wüthet
Der schwarze Bill, und vor den Hütten stehn

Dragonerhaufen, denen er gebietet.
  Mit Schwert und Feuer will er zücht'gen Jeden,
  Der nicht alsbald den Zehnten ihm vergütet. —
Ich leuchte heim, entsetzt ob solchem Reden;
  Ich selber ja noch schuldete dem Harten.
Denn ich bin arm! — Mißwachs und Hagelschäden —
Mein Gatte tobt — wohl müht' in Feld und Garten
  Mein Dick sich ab! o Gott, er war so gut,
  Und seine Freude war es, mein zu warten!
Doch wollte sich nicht mehren unser Gut,
  Und dünn und dürftig fielen unsre Garben;
  Der Mann im Chorrock drückt' uns bis auf's Blut;
Um ihn zu sätt'gen, mußten wir oft darben.
  Ich war ihm schuldig grate jetzt fünf Pfund
  Und achtzehn Schillinge; — vor Christtag starben
Zwei Kühe mir: dieß des Verzuges Grund. —
  Ich kam in's Dorf; da hielten die Soldaten,
  Da, Zehnten fordernd, ritt der Mann, deß Mund —
Nicht uns! — das Wort lehrt! — Der und solche Thaten!
  Zertrümmert war die Pforte meiner Hütte;
  Ich war betäubt und wußte nicht zu rathen.
Doch trat ich näher mit verzagtem Schritte,
  Und sprach fußfällig ihn um Nachsicht an.
  Er aber wies mich ab, und schwur, er ritte
Nur mit dem Zehnten aus des Dorfes Bann;
  Er — doch mein Sohn? — es fällt mir schwer auf's Herz!

Was redet er nicht mit dem harten Mann?
Mein Dick! — die Nachbarn deuten scheunenwärts,
Wie ich den Namen meines Sohnes nenne.
Ich schreit' hinein — ihr habt von Mutterschmerz
Wohl reden hören? — sehet, auf der Tenne
Kalt, leblos liegt er, eine Jünglingsleiche,
Vom Tod entstellt, doch kenn' ich ihn! ich kenne
Mein eigen Blut! — o Gott! — ich knie, ich streiche
Aus seiner Stirn das blonde schlichte Haar:
Ich nehm' die Hand, die blasse, marmorgleiche;
Die Arme steif, das braune Antlitz war
Bedeckt mit kaltem, kaltem Todesschweiße;
Der Mund halb offen, doch des Odems baar,
Und von den Augen sah ich nur das Weiße;
Vorn aus der Jacke quoll das dunkle Blut.
O Gott, mein Sohn, mein einz'ger Sohn! ich reiße
Das Hemd ihm auf, Einhalt zu thun der Flut:
Die Kugel war ihm recht durch's Herz gegangen.
Beschützen wollend seiner Mutter Gut,
Hatt' auf des Priesters Wink er sie empfangen. —
Da lag er leblos auf den harten Steinen,
Und Todtenblässe lag auf seinen Wangen.
Ich weinte nicht — o Gott, ich kann nicht weinen!
Ich sah ihn an, und sah ihn an — fortwenden
Die glüh'nden Augen konnt' ich nicht von seinen
Erstarrten Zügen — mag ich mit den Händen

Sie auch bedecken, mag ich fest sie schließen,
Doch seh' ich ihn! — und ließet ihr mich blenden,
Ich säh' ihn noch, wie er zu meinen Füßen
Im Blute lag! — ich seh' ihn Tag und Nacht,
Doch Thränen, weh' mir! kann ich nicht vergießen.
Schlaf? — seit dem Tage hab' ich nur gewacht,
Und meine starren alten Augen glühn,
Zu springen droh'nd; doch seine schloß ich sacht
Mit dieser Hand; die Krieger draußen schrien.
Also geschah's, ich hab' euch nichts verhohlen!" —
Ich bog mich schürend vor in den Kamin,
Und eine Thräne zischte in die Kohlen.

Die Griechin.

December 1834.

Der König steigt von dem Gebirge nieder,
Von Pallikaren kriegerisch umgeben.
Im Thal liegt Delphi. Schwärzlich von Gefieder
Sieht einen Adler er voran sich schweben.
O du, von Dem am Thron des Donn'rers flammend,
Sei ihm ein Zeichen! — Mehr und mehr erheben
Die Schatten sich; im Abendrothe flammend
Die höchsten Zinken nur auf dem Parnasse;
Sonst Nebelschichten rings schon ihn umdammend!
Sie sind in Delphi; da, vorn in der Gasse,
Stellt eine Greisin sich dem Fürsten dar.
Lang auf ihm ruhn läßt sie das thränennasse,
Verklärte Aug'; schneeweiß wallt ihr das Haar!
Ein Achtzigjähr'ger muß die Mutter stützen,
Denn dieses ist ihr hundertzehntes Jahr.
Und also spricht sie: „Magst du lange sitzen,
O König, auf dem neugebauten Throne!
Mag lange Zeit auf deinen Locken blitzen

Des auferstaubnen Griechenlandes Krone!
 Von dir, wie würdig sie ein Fürst trägt, lerne
 Der Enkel noch von meines Enkels Sohne!
Dein Volk vermehre sich, gleichwie die Kerne
 Der Aepfel des Granatbaums, meiner Spende!
 Von deinem Ruhm erschalle weit die Ferne!" —
Und Otto nimmt, was zitternd ihm die Hände
 Der Greisin reichen: da bricht los der Schwarm;
 Die Fackelträger schwingen ihre Brände;
Mit Zweigen winkend, hebt sich mancher Arm;
 Die Mädchen bringen frische Blumenkronen,
 Der Aermste spendet — heut ist keiner arm.
Die am Parnaß und am Kithäron wohnen,
 Mit ihren Schwertern rasselnd stehn sie da:
 „Dem Ersten Heil von Griechenlands Ottonen!"
Ich hab' es euch erzählt, wie es geschah;
 Ihr habt es in den Blättern selbst gelesen,
 Ihr kennt sie längst, die neue Pythia!
Doch mich hat dieser Frau prophetisch Wesen,
 Mich dieser Zug des Herrschers tief bewegt.
 Erwacht ist Hellas! Hellas ist genesen!
Der lange blut'ge Traum ist aus — es schlägt
 Die Augen auf, und vor ihm steht ein Retter,
 Der auf die Kettenmale Balsam legt.
Da regt Dodonas Baum die heil'gen Blätter,
 Durch Tempe ziehn der Opfer Wohlgerüche,

Vom Isthmos dröhnt's wie Kampf und Horngeschmetter,
Und wieder tönen der Orakel Sprüche —
  Hat nicht der Mund der Pythia geredet?
  Und Er, der sie vernahm, der Jugendliche,
Durchzieht sein Land, vor Kurzem noch veröbet,
  Heroen gleich. Wie, mit dem Nestoriden,
  Des Ithakers, der Troja mit befehdet,
Behelmter Sohn, als sie von Pylos schieden,
  Erscheint er mir. Er ruht auf Schlachtgefilden,
  Und Heldenschatten wachen bei dem Milden.
Er hört das Klirren von Spartanerschilden;
  Athen sein Haus! nach der Akropolis
  Tönt aus der Ferne Ludwigs Lyra! — — Gülden
Erhebt die Sonne sich; an dem Gebiß
  Sieht ungeduldig man die Renner nagen;
  Sie wiehern freudig, daß die Finsterniß
Dem Morgen weicht, sie stampfen und sie schlagen —
  Doch sieh', die Geißel nimmt Peisistratos.
  Delphi erwacht; der Fürst besteigt den Wagen,
Staub wirbelt auf — Chaire, Telemachos!

Alexandriner.

Der Alexandriner.

Spring an, mein Wüstenroß aus Alexandria!
Mein Wildling! — Solch ein Thier bewältiget kein Schah,
Kein Emir, und was sonst in jenen
Oestlichen Ländern sich in Fürstensätteln wiegt; —
Wo donnert durch den Sand ein solcher Huf? wo fliegt
Ein solcher Schweif? wo solche Mähnen?

Wie es geschrieben steht, so ist dein Wiehern: Ha!
Ausschlagend, das Gebiß verachtend, stehst du da;
Mit deinem losen Stirnhaar buhlet
Der Wind; dein Auge blitzt, und deine Flanke schäumt: —
Das ist der Renner nicht, den Boileau gezäumt,
Und mit Franzosenwitz geschulet!

Der trabt bedächtig durch die Bahn am Leitzaum nur;
Ein Heerstraßgraben ist die leibige Cäsur
Für diesen feinen, saubern Alten.
Er weiß, daß eitler Muth ihm weder ziemt noch frommt:
So schnäufelt er, und hebt die Hüflein, springt, und kommt
Ans andre Ufer wohlbehalten.

Doch dir, mein flammeud Thier, ist sie ein Felsenriß
Des Sinai; — zerbrecht, Springriemen und Gebiß! —
Du jagst hinan, da klafft die Ritze!
Ein Wiehern und ein Sprung! dein Hufhaar blutet, du
Schwebst ob der Kluft; dem Fels entlockt dein Eisenschuh
Des Echos Donner und des Kiesels Blitze!

Und wieder nun hinab, wühl' auf den heißen Sand!
Vorwärts! laß tummeln dich von meiner sichern Hand,
Ich bringe wieder dich zu Ehren.
Nicht achte du den Schweiß! — sieh', wenn es dämmert, lenk'
Ich langsam seitwärts dich, und streichle dich und tränk'
Dich lässig in den großen Meeren.

Vier Roßschweife.

Im Eilwagen am 15. Juli 1839.

Drei Stutenschweife wehn, der goldne Halbmond blinkt;
Im Bügel hebt sich hoch, den Damascener schwingt
Der stolze Pascha von Aegypten.
Ein Hengstschweif, lang und schwarz, auf einem blanken Spieß
Weht flatternd vor dem Zelt des Dei's von Tripolis,
Beschützt von seines Heers Gelübden.

Ein Mamelukentrupp, mit Waffen schwer bepackt,
Im Gurt Pistol und Dolch, die krummen Säbel nackt,
Bewacht die tausendhaar'ge Fahne.
Der Feldherr sitzt im Zelt, sein Auge glüht vor Lust;
Er lehnt sein bärtig Haupt an einer Sklavin Brust
Auf goldbefranzter Ottomane.

Mir spannt man kein Gezelt; an meine Wange schmiegt
Sich kein Tscherkessenkind! kein Lanzenreiter wiegt
Für mich den Fuß im goldnen Reife;
Kein Halbmond ward mein Lohn nach einer Perserschlacht —
Doch vor mir, staubumwölkt, auf Fliegenmord bedacht,
Wehn lang und dicht vier Rappenschweife.

138

Mir rauscht der Bospor nicht, wie Stambuls Padischah;
Mir blutet nicht, wie einst dem Herrn von Janina,
Der Feinde Haupt auf spitzen Gattern;
Kein Scheik der Wüste bringt mir seines Landes Zoll —.
Doch mir, wie jenen, fliegt vierfaches Schweifgeroll!
Und auf! zur Heimath weht sein Flattern!

Afrikanische Huldigung.

Ich lege meine Stirn auf deines Thrones Stufen;
Ich führe dieses Heer von hunderttausend Hufen,
Ich führe diesen Raub und diesen Sklaventroß,
Ich führe diese Schaar von Ringern und von Schützen,
Die mit dem Dolch gewandt den Bauch der Feinde schlitzen,
Zurück, o König, vor dein Schloß!

Gewonnen ist die Schlacht! Wir waren gute Schlächter!
Der Feinde König fiel, ein schlauer, wilder Fechter;
Sein langer Hals war nackt, mein Säbel schnell und scharf.
Im Sande liegt sein Rumpf, der Tigerin zum Mahle.
Erlaube, daß ich dir auf dieser goldnen Schale
Sein triefend Haupt verehren darf.

Es trieft von Oele nicht, von Narden und von Salben:
Es trieft von rothem Blut, Gebieter! deinethalben!
Doch dir zum Salböl wird dies dunkle Dschaggasblut.
Ich salbe dich zum Herrn des Reiches, das ich raubte;
Die volle Schale leer' ich über deinem Haupte
Auf deiner goldnen Krone Glut.

Und jene, die gezackt und blank mit gelbem Scheine
Dies todte Haupt umblitzt, jetzt schmücke sie das deine!
Heil, daß ich ihren Glanz auf deiner Stirne seh'! —
Führt die Gefangnen vor! schwingt die gewicht'gen Keulen,
Und durch Trompetenschall und der Erschlagnen Heulen
Jauchzt: Heil dir, Fürst von Dahomeh!

Florida of Boston.

28. März 1833.

Das Weltmeer trug dich gern; du schwimmst am Ziel der Reise.
Dies ist des Hafens Thor! — nur noch durch diese Schleuse,
Und deinen Kupferbauch umplätschert das Bassin!
Wie sich auf dem Verdeck die rüst'gen Lootsen drängen!
Zur Arbeit singen sie; — einfach, mit rauhen Klängen
Schallt über's Wasser der Refrain!

Bugspriet und Masten kahl; die Segel sind mit Schnüren
Zu Bündeln eingerefft; — hier gilt es, zu bugsiren!
Die Ankerwinde knarrt, das Schiff rückt langsam vor.
Rasch mit den Speichen dreht sich Weißer und Mulatte;
Und majestätisch zieht die schwankende Fregatte
Durch das weitoffne Schleusenthor.

Von oben kann ich jetzt auf sie himunterschauen;
Mit ihrem Takelwerk, mit ihren mächt'gen Tauen
Erreich' ich sie beinah' mit ausgestreckter Hand.
Vor mir und unter mir der Schiffer gelbe Hüte;
Neufundlands Dogge heult am Eingang der Kajüte,
Und blickt umher und will an's Land.

Auf einer Tonne sitzt der Steuermann am Steuer;
Hier liegt das lange Boot, dort flammt das Küchenfeuer;
Der Schiffskoch, Mais im Korb, tritt an den Hühnerstall.
Mit voller Hand läßt er die Frucht durch's Gitter rauschen;
Die Hennen drängen sich, und picken und belauschen
Der transatlant'schen Körner Fall.

Und trotzig über euch, ihr Meeranachoreten,
Ihr Klausner auf der See, die ihr zwar schlecht zu beten,
Doch gut zu fluchen, und im Sturm zu lästern wißt,
Auf dem Besaanmast hoch seh' ich der freien Staaten
Rothstreif'ge Flagge wehn, wie sie der Hanseaten,
Holländer, Dänen Flaggen grüßt.

Der weißen Sterne Schein glänzt in der blauen Felbung;
Sie bringt der alten Welt von einer neuen Meldung,
An deren grünem Strand das Schiff vorüberzog.
Sie sah den Strom des Golfs; sie schreckte den Flamingo,
Den scharlachfarbigen, als er von Sanct Domingo
Gen Norden zum Ohio flog.

Dort, und am Erie-See, bei fleiß'gen Colonisten
Und Bibern will er still an dem Gestade nisten,
Bis wieder ihn zurück gen Süden treibt das Eis.
Dort schwebt in Zügen er um dunkler Berge Firnen;
Wie Indier stehn sie da: — um ihre braunen Stirnen
Wallt brennendroth ein Federkreis.

Dort rudern ungestört Canada's wilde Schwäne
Auf dem Ontario, wo der Huronen Kähne
Am Ufer liegen. — Halt! verstummt ist der Refrain!
Im Schiffe wird es still — jetzt tritt es aus der Schleuse
Hervor — ein Hussaruf! und seine Planken leise
Bespült das schirmende Bassin.

Der Schwertfeger von Damascus.

Ein hoher Gast trat heut' in meine niedre Schmiede,
Der Fürst der Gläubigen, der tapfre Abbasside!
In mein Gewölbe schritt der bärtige Kalif!
Sein glänzendes Gefolg sah man mein Haus umringen;
Er aber wählte sich die schärffte meiner Klingen
Mit diamantbesetztem Griff.

Die Waffe ließ er sich an seinen Gürtel binden,
Und sprengte sausend dann die grünen Tamarinden,
Den Sonnenschirm des Markts, entlang mit seiner Schaar.
Der Staub des Weges flog, gefegt von Glutenbäuchen;
Der Reiter Ferse saß in den beschäumten Weichen,
Und Staunen faßte den Bazar.

Ich kreuzte demuthvoll auf meiner Brust die Arme,
Und sah vor meiner Thür dem kriegerischen Schwarme
Bis an die Pforte nach, die gen Aleppo führt:
„O mächtiger Prophet, beschütze deinen Enkel,
Und gib, daß lange noch die Stärke seiner Schenkel
Sein Beduinenroß regiert!

Und du, mein krummer Stahl, leb' wohl! aus meiner dunkeln
Werkstatt ziehst du hinaus! In Schlachten wirst du funkeln!
Bald klirrst du, wo dein Blitz ein Volk von Reitern lenkt!
Da schwärmen durch den Sand spießwerfende Geschwader!
Den wilden Rossen schwillt vor Kampflust jede Ader
Und alle Zügel sind verhängt.

Da siehst du, zahllos wie der Sand, auf den sie treten,
Des Feindes Heere nahn den Kindern des Propheten.
Durch unsre Reihen fliegt anordnend der Wessir.
Noch wartet der Kalif. — Da schmettern die Fanfaren,
Und seine Linke läßt den Zaum des Hengstes fahren,
Und seine Rechte fährt nach dir.

Dann schwelgst im Blute du, geführt von der geballten
Kalifenfaust, und dampfst und züngelst aus den Falten
Des Aermels, der die Hand des Mächtigen bedeckt,
Wie in Arabien und auf den öden, flachen
Sandstrecken Soristans aus eines Schakals Rachen
Die blutgetränkte Zunge leckt.

Dann zuckst du himmelan, wie eine rothe Flamme,
Bei deren Lodern Nachts ein Dichter seinem Stamme
Von Genien und Feen erzählt am rothen Meer.
Und diese Flamme, die den Orient entzündet,
Und bald im Occident des Ostens Macht verkündet —
Aus meiner Esse flammt sie her!

Der Schrik am Sinai.
Im Spätjahr 1830.

„Tragt mich vor's Zelt hinaus sammt meiner Ottomane!
Ich will ihn selber sehn! — Heut' kam die Karavane
Aus Afrika, sagt ihr, und mit ihr das Gerücht?
Tragt mich vor's Zelt hinaus! wie an den Wasserbächen
Sich die Gazelle letzt, will ich an seinem Sprechen
Mich letzen, wenn er Wahrheit spricht."

Der Scheik saß vor dem Zelt, und also sprach der Mohre:
„„Auf Algiers Thürme weht, o Greis! die Tricolore;
Auf seinen Zinnen rauscht die Seide von Lyon;
Durch seine Gassen dröhnt früh Morgens die Reveille,
Das Roß geht nach dem Takt des Liedes von Marseille: —
Die Franken kamen von Toulon!

Gen Süden rückt das Heer in blitzender Kolonne;
Auf ihre Waffen flammt der Barbaresken Sonne,
Tuneser Sand umweht der Pferde Mähnenhaar.
Mit ihren Weibern fliehn die knirschenden Kabylen;
Der Atlas nimmt sie auf, und mit dem Fuß voll Schwielen
Klimmt durch's Gebirg der Dromedar.

Die Mauren stellen sich; vom Streit gleich einer Esse
Glüht schwül das Defilé; Dampf wirbelt durch die Pässe;
Der Leu verläßt den Rest des halbzerriss'nen Rehs.
Er muß sich für die Nacht ein ander Wild erjagen —
Allah! — Feu! En avant! — Keck bis zum Gipfel schlagen
Sich durch die Aventuriers.

Der Berg trägt eine Kron' von blanken Bajonetten;
Zu ihren Füßen liegt das Land mit seinen Städten
Vom Atlas bis an's Meer, von Tunis bis nach Fez.
Die Reiter sitzen ab; ihr Arm ruht auf den Croupen;
Ihr Auge schweift umher; aus grünen Myrtengruppen
Schau'n dünn und schlank die Minarets.

Die Mandel blüht im Thal; mit spitzen dunkeln Blättern
Trotzt auf dem kahlen Fels die Aloe den Wettern,
Gesegnet ist das Land des Bey's von Titterh.
Dort glänzt das Meer; dorthin liegt Frankreich. Mit den bunten
Kriegsfahnen buhlt der Wind. Am Zündloch glühn die Lunten;
Die Salve kracht — so grüßen sie!""

„Sie sind es!" ruft der Scheik — „ich focht an ihrer Seite,
O Pyramidenschlacht! o, Tag des Ruhms, der Beute!
Roth, wie dein Turban, war im Nile jede Furt. —
Allein ihr Sultan? sprich!" er faßt des Mohren Rechte;
„Sein Wuchs, sein Gang, sein Aug'? faßst du ihn im Gefechte?
Sein Kleid?" — Der Mohr greift in den Gurt.

„„Ihr Sultan blieb daheim in seinen Burggemächern;
Ein Feldherr trotzt für ihn den Kugeln und den Köchern;
Ein Aga sprengt für ihn des Atlas Eisenthür.
Doch ihres Sultans Haupt siehst du auf diesem blanken
Goldstück von zwanzig Francs. Ein Reiter von den Franken
Gab es beim Pferdehandel mir!" "

Der Emir nimmt das Gold, und blickt auf das Gepräge,
Ob dies der Sultan sei, dem er die Wüstenwege
Vor langen Jahren wies; allein er seufzt und spricht:
„Das ist sein Auge nicht, das ist nicht seine Stirne!
Den Mann hier kenn' ich nicht! sein Haupt gleicht einer Birne!
Der, den ich meine, ist es nicht'"

Der Divan der Ereignisse.

1838.

O, Männer meines Stamms! ich sah die großen Städte!
Ich trat in die Moskeen von Alexandria.
Ich salbte meinen Bart in Suez und Rosette,
Ich stand auf dem Bazar der Nilstadt Damiette;
Mit diesem Dromedar durchzog ich Kahira,

Die weitgedehnte Stadt mit ihren engen Gassen,
Wo Franken, Araber und Habessinier gehn;
Kaum sind sie breit genug, ein Lastkameel zu fassen;
Auf Polstern in der Thür, bei vollen Kaffeetassen,
Kann man aus langem Rohr die Städter rauchen sehn,

Schweigsam und ernst. Ihr Haupt, von dem gefärbten Leiner
Des Turbans eingehüllt, umwallt der krause Rauch.
Mit weißem Rande, voll von wunderlichen, kleinen
Schriftzeichen, liegt ein Blatt auf den gekreuzten Beinen,
Und auf dem Blatte weilt ihr dunkelbraunes Aug'.

Ich bin ein Araber; mein Kleid ist nicht von Seide,
Doch feurig ist mein Pferd, und seine Mähn' ist glatt.
Mein graues Zelt ist kühl; es fehlt mir nicht an Weibe;
Ich bin den Städtern gleich, und wenn ich sie beneide,
Bei meinem Bart! so ist es nur um jenes Blatt!

Denn — tretet näher her, o meine Stammgenossen!
An meine Lippen sei gefesselt euer Ohr!
Ich weiß, ihr glaubt mir kaum! ihr bliebt bei euren Rossen;
Ihr saht die Städte nicht, die Welt blieb euch verschlossen,
Und meine Rede kommt euch wie ein Mährchen vor! —

Denn dies ist nicht ein Blatt, wie es mit Koran-Suren
Der weiße Iman füllt auf seinem Schreibebrett.
Es meldet, was geschieht; es folgt der Heere Spuren;
Es trägt von Koniah bis nach des Della's Fluren
Die Thaten Ibrahims, des Sohnes Mehemed.

Des Nizam Dschedids* Ruhm wird treu von ihm beschrieben;
Die Führer stellt es dar, gebietend, ernsten Blicks;
Die Rotten mustert es; es weiß, von wie viel Hieben
Ein Türkenfeldherr sank; es meldet, wer geblieben;
Es nennt die Namen der erkämpften Paschaliks. —

* Nizam Dschedid — der ägyptische Heerbann.

151

Was gestern dort geschah, erzählt es hier schon heute,
Es murmelt durch die Stadt, wie durch den Sand ein Bach.
Heut spricht es von der Schlacht, und morgen von der Beute;
Und daß nicht Einen nur, nein! daß es alle Leute
Belehre, zeigt es sich mehr denn zehntausendfach.

So will es, Mehemed! In einem Steingebäude
Wird es — geschrieben nicht; man sagt, es wird gedruckt.
Fliegt eines Schreibers Hand so schnell? Traut meinem Eide:
Zu Schocken liegt es da, geschwinder, als der Scheide
Vor euren Augen jetzt mein scharfer Dolch entzuckt.

Fragt nicht, wie es geschieht! — Wer selbst in seiner Schmiede
Den Säbel schmieden sah, versteht die Rede nicht
Deß, der es ihm beschreibt. — Auch bin ich warm und müde;
Drum wisset einzig noch, daß eine Pyramide
Die Stirn des Blattes ziert, ein Sinnbild ernst und schlicht.

Ein junger Palmbaum sproßt empor an ihrer Seite,
Und hinter ihnen geht die Sonne strahlend auf,
O, Männer meines Stamms! wer deuten kann, der deute!
Und wer da schauen will, der gürte sich, und reite,
Und lenke nach dem Nil des Dromedares Lauf;

Und suche dort das Haus, von dem er eben hörte;
Es wird der Divan der Ereignisse genannt. —
Fürwahr, ich bin nicht reich! doch, wer mich lesen lehrte,
Und brächte mir das Blatt, so oft ich es begehrte —
Geöffnet wäre dem mein Zelt und meine Hand!

Am Kongo.

Sultanen, zaudert nicht! es gilt ein Fest zu feiern!
Berauscht mit Palmwein euch aus halben Straußeneiern!
Schmückt euch, wie jenen Tag, an dem des Harems Thor
Sich vor euch öffnete! entfaltet eure besten
Gewande! Kleidet euch, wie sonst bei hohen Festen!
Ein großes Glück steht euch bevor.

Die Menge draußen jauchzt, und die Baluken schallen.
Vom vollen Nacken laßt den falt'gen Scharlach wallen!
Hängt die Korallen um, aus denen Feuer sprüht!
Die rothe Erde nehmt, die Wangen zu bestreichen!
Laßt euer Angesicht dem Morgenhimmel gleichen,
Wenn er in dunkler Röthe glüht!

Singt euer froh'stes Lied! Tanzt durch die Palastthüren
In das Gewühl hinaus! zum Strome laßt euch führen,
Wo um den König sich gelagert hat das Heer.
Er ist zurückgekehrt aus seinen Wüstenschlachten,
Ihr seufztet oft nach ihm; gestillt wird euer Schmachten!
Fortan verläßt er euch nicht mehr!

Ihr seid beneidenswerth! zu allen Tageszeiten
Wird er jetzt bei euch sein; er braucht nicht mehr zu streiten;
Das ganze Land ist sein, bis wo der Kongo quillt.
Nichts liegt ihm fürder ob, als unter euch zu weilen;
Für immer wird er jetzt mit euch das Lager theilen —
Dort liegt er auf dem Kupferschild!

Fahrt nicht zurück; er ist's, der Wildeste der Dschaggas!
Wohl gleicht sein Mantel jetzt dem streif'gen Fell des Quagga's;
Blutstreifen zieren ihn! wohl ist sein Auge starr!
Wohl ist sein Arm gelähmt, der uns den Sieg erfochten!
Wohl stehn die Pulse still, die einst so feurig pochten
Bei Tamtamklang und Hufgescharr.

Er hat den Sieg erkauft mit seinem eignen Blute;
Kein Geriot, kein Grisgri und keine Zauberruthe
Erweckt ihn; durch dies Grab will er von hinnen ziehn
In das glückfel'ge Land, wo die Gestorbnen wohnen;
Wo statt des Thaues Blut auf Gras und Blumenkronen
Glänzt; — Heil euch, ihr begleitet ihn!

Wohl zög' er zürnend noch empor die finstern Brauen,
Fänd' er im Grabe nicht die dreimal fünfzig Frauen,
Die lebend er umarmt! — wir senden euch ihm nach!
Seht, wie sein Auge zuckt! mit grünen Palmenzweigen
Bedeckt den Harrenden! tanzt, und im wirrsten Reigen
Empfangt Schwertstreich und Keulenschlag!

Scipio.

Massa, du bist sehr reich! dein Saal ist voll von Pagen;
Zweimal zehn Meilen ziehn am Flusse die Plantagen
Sich hin, wo man für dich die Baumwollstaude ban't;
Wo man das Zuckerrohr für dich mit Messern schneidet,
Wo seine Kraft für dich der Kaffeebaum vergeudet,
Wo in den Raum des Schiffs man deine Ballen stau't.

Massa, du bist sehr reich! wenn unter den Agaven
Der Vogt zusammenruft die Menge deiner Sklaven,
So faßt sie kaum der Platz vor deinem Steinpalast.
Zwölf Pferde reitest du; fünf Schiffe sind dein eigen;
Sie tragen deinen Ruhm in alle Welt; es zeigen
Den Namen, den du führst, die Flaggen hoch am Mast.

Massa, du bist sehr reich! die Tochter des Creolen,
Leicht, wie am Mondgebirg der Zebrastute Fohlen,
Dient dir: — o, welch ein Mund! o, welch ein Aug'! welch Haar!
Sie trägt ein Kleid von Flor, gefärbt mit Cochenille;
Erröthend reicht sie dir den braunen, mit Vanille
Gewürzten Frühetrank der Cacaobohne dar.

Maffa, du bist sehr reich! dein Jagdhund heißt Diana!
Hat je ein Hund, wie der, die Wälder von Guyana
Durchrannt und stöbernd das Tajassu aufgespürt?
Weit trägt dein Doppellauf; dem hundertfarb'gen Fittig
Des Tukans ruft er: „Halt!" — Du sagst, er sei von Lüttich;
Mit einem Hirschkopf ist der braune Schaft geziert.

Maffa, du bist sehr reich! wenn drückend heiß aus Westen
Der schwüle Landwind weht, verschläfst du in Siesten
Die Glut, der reichste Mann in Paramaribo.
Halbnackt liegst du auf der Vicunnawolle Quito's;
Ich stehe neben dir und scheuche die Mosfito's;
Ich bin dein Lieblingssklav; du nennst mich Scipio.

Maffa, du bist sehr reich! Dongola's Fürsten äßen
Die Speisen, die dein Koch in silbernen Gefäßen
Auf deine Tafel setzt, o Herr, zur Mittagszeit.
Dein Tisch ist voll vom Gut des Landes und der Tiefen;
Das würz'ge Schwalbennest der fernen Lakediven
Und Seltneres ist dir, Herr, keine Seltenheit.

Maffa, du bist sehr reich! wer zählte die Gerichte,
Womit man dich bedient, den Wein, die saft'gen Früchte?
Aus deiner Küche tönt den ganzen Tag Geräusch.
Doch ein Gericht, o Herr, fehlt dir, dein Mahl zu krönen;
Kein andres kommt ihm gleich an Wohlgeschmack; die Sehnen
Stärkt es; o, zürne nicht! — ich meine Menschenfleisch!

An das Meer.

O Meer, verleih'ſt du nicht den brennendrothen Saft,
Den heil'gen Purpur, draus man Kön'gen Mäntel ſchafft,
Den Männern von Berht und Thrus?
O finſtres Meer, lag nicht in deiner grauen Flut
Die dunkle Röthe, die mit königlicher Glut
Umfloß den Heldenleib des Chrus?

O du, des ſchwärzlichen Meergottes farb'ger Sohn,
Purpur, bedeckteſt du nicht Alexanders Thron
Im Land der Inder und der Scythen? —
O Meer, dein dunkler Schooß verbirgt ein Labyrinth
Von Wundern; — iſt nicht auch die Perl', o Meer, dein Kind?
Gebarſt du nicht ſelbſt Aphrodite'n?

Ja, du biſt reich! ich ſah bis auf den Grund dich, Meer!
Wie dem von Sidon du die Muſchel gabſt, daß er
Den Purpur auf die Wolle drücke:
So haſt du meinem Blick dein Inn'res aufgethan,
So ließeſt du im Geiſt mich deine Pracht empfahn,
Auf daß ſie meine Lieder ſchmücke.

Die alten Schätze, die auf deinem Boden ruhn,
Die Horte, die man einst in dich versenkt, die Truh'n,
Die durch das blaue Wasser blitzen;
Die Drachen, deren Mund blutrothe Flammen speit,
Die, Scepter in den Klau'n, im Scharlachschuppenkleid
Das anvertraute Gut beschützen;

Die Schlange, deren Leib, gleichwie ein Meridian,
Die halbe Welt umspannt, die Keines Augen sahn,
Als meine, die mit sieben Zungen
Das Eis des Nordpols leckt (— es schmilzt von ihrem Hauch,
Die Gleichersonne sengt durch's Wasser ihren Bauch,
Den Südpol hält ihr Schweif umschlungen);

Die Städte, die dein Mund in seine Tiefe riß —
(Als Wächter stehn am Thor und fletschen das Gebiß
Meermänner mit blutgier'gen Blicken —);
Den Seepolypen, der mit haar'gen Armen zuckt;
Den Leviathan, der den Mond bereinst verschluckt,
Wenn er vom Himmel fällt in Stücken;

Das Grab Neptuns — in das, als er gestorben war,
Als ihn kein Steuermann mehr rief in der Gefahr,
Als jeder sich an Heil'ge wandte,
An Fischefänger auf dem See Genezareth,
Und nicht an ihn mehr, dem der Aethiop das Fett
Von hundert Stieren einst verbrannte —

Sein Grab, in welches ihn ertrunkne Römer und
Hellenen — sie auch, die der rothgefärbte Sund
Von Salamis verschlang — begruben,
Sich drüber legten, und — o, welch ein Leichenstein! —
Aus ihrem eigenen verwitterten Gebein
Dem todten Gott ein Mal erhuben;

Die Flaschen, die der Ring des Salomo verschloß,
Die seit Jahrtausenden dein Wasser schon umfloß;
Die Krüge, gläsern oder irden,
In denen Geister sind, entsetzlich von Gestalt;
Die losgelassen dich, o Weltmeer, wie Asphalt
In lichte Flammen setzen würden: —

All' hab' ich es gesehn! — du hast dich mir gezeigt,
Auf daß mein Mund von dir und deinen Wundern zeugt,
Uraltes Meer, vor meinem Sterben.
Du reichst den Purpur mir: mein Lied ist das Gewand,
Auf dem er glühen soll; ich tauche mit der Hand
In deine Flut, mein Lied zu färben.

Sieh', wie es funkelt! sieh', schon glänzt es purpurroth.
Schon glüht es farb'ger, als die Flagge, die das Boot
Aus China schmückt vor Surabaya!
Schon geht es, buntgeschuppt, in seiner Pracht einher;
Dem Goldfisch ist es gleich, dem blitzenden, wenn er
Sich sonnt im Busen von Biscaya.

Schiffbruch.

Fragment.

Wohl wünsch' ich Vieles mir; doch, wär' ich ein Matrose,
Dann wünscht' ich einen Sturm und eine Wasserhose
Im fernsten Südmeer mir; dann wünscht' ich, daß mein Schiff
Der zürnenden Gewalt des Trombengeists verfiele,
Daß, mast- und segellos, es säße mit dem Kiele
Gespießt auf ein blutroth, thurmhoch Korallenriff.

Des Meeres Arme sind die zackigen Korallen;
Aus seiner Tiefe streckt es sie, wie blut'ge Krallen
Nach den belasteten Ostindienfahrern aus;
Und hat es sie gefaßt, dann hält es sie den Schlägen
Der Sturzflut und dem Zorn des Tropensturms entgegen,
Und reißt sie jauchzend in sein wunderbares Haus.

Die Wände seines Saals — Eisberge! glänzend stehen
An beiden Polen sie! — bedeckt es mit Trophäen:
Der Schiffe Flaggen und zerriss'ne Segel sind's.
Ha, wär' ein Schiffer ich, dann wollt' ich, so versänke
Mein Schiff, geschleudert auf die scharlachrothen Bänke
Des unbekanntesten und fernsten Labyrinths

Von Südseeinseln, die, wie unbewegt das flache,
Saftgrüne Lotosblatt auf einem stillen Bache
Schwimmt, auf dem Meere ruhn; sie schlummern auf der Flut.
Schilfgürtel tragen sie und Kokospalmenkronen;
Die prächt'gen Vögel, die hoch auf den Kronen wohnen,
Sind das Gestein daran, goldgelb und roth, wie Blut.

Wie Kinder ruhn sie an der Brust des Oceanes;
Sie lächeln durch den Sturm, die Stimme des Orkanes
Stört ihren Schlummer nicht; des Meeres schäumend Naß,
Das sie mit Untergang bedroht, macht sie nicht zittern:
So lächelnd schlummerte, inmitten von Gewittern,
Der Sohn des Menschen einst auf dem Tiberias. —

Anno Domini........?

Hört mich, Kleingläubige! — wie vormals im Gefilde
Der Marne bei Chalons die Sünderin Brunhilde
Durch Knechte binden ließ mit ihrem grauen Haar
An einen wilden Hengst, daß an dem dichten Schweife
Er galoppirend sie durch's Frankenlager schleife,
Der Sohn des Chilperich, der andere Chlotar;

Der Hengst riß wiehernd aus; die Hinterhufe schlugen
Das nachgeschleppte Weib; verrenkt in seinen Fugen
Ward jedes Glied an ihr; um ihr entstellt Gesicht
Flog ihr gebleichtes Haar; die spitzen Steine tranken
Ihr königliches Blut, und schaudernd sahn die Franken
Chlotars, des Zürnenden, erschrecklich Strafgericht:

Jetzt auf ihr Antlitz, das blutrünst'ge, fiel der rothen
Wachtfeuer Glut, die da vor jedem Zelte loh'ten;
Jetzt wusch mit eis'gem Guß den Staub von ihrer Stirn
Ein Arm des Marnestroms; weit vorgequollen stierte
Ihr Aug', und das Kameel, drauf man sie Morgens führte,
Durch's ganze Heer, ward jetzt bespritzt von ihrem Hirn:

So wird dereinst, hört mich, ihr Kalten uub Verständ'gen,
Der Herr ein feurig Roß, das flammend in unbänd'gen
Courbetten schießt durch den Abgrund des Raumes hin,
Den feurigsten von den Kometen wird er senden,
Und wird an dessen Schweif mit seines Zornes Händen
Die Erde fesseln, die bejahrte Sünderin.

Aus ihrer Bahn, die sie sklavisch hat wandeln müssen
Von Anbeginn, wird sie durch seine Kraft gerissen;
Sie muß ihm folgen als Trabant; tief in den Raum
Schleift er sie mit sich fort; er schnaubt, und Funken sprühen
Durch's All; sein Schweif durchweht es stolz; denn mit sich ziehen
Die Erde darf er — Gott verhängte seinen Zaum.

Wer hält den Rasenden? — die Sonne tritt zurücke,
Und steht zuletzt so fern, daß sie nicht Eines Blicke
Mehr sichtbar ist; dann wird es kalt und finster sein,
Und je zuweilen nur, wenn sie den Grenzen neuer,
Entfernter Sonnen nahn, wird, wie des Lagers Feuer
Dem Antlitz der Brunhild, so dieser Sonnen Schein

Dem zuckenden Gesicht der Erde, der halbtodten,
Ein flackernd, gräßlich Licht zuwerfen; im blutrothen
Gewande steht alsdann der Himmel; siedend zischt
Die See. Vorüber schießt der Wilde, von der Hitze
Gejagt. Nacht folgt auf's Neu dem momentanen Blitze;
Schwarz wird die Erde, gleich der Kohle, die erlischt,

Und bebt vor Kälte; bis, wenn lange Zeit verronnen,
Sie wieder deine Glut fühlt, mildeste der Sonnen,
Einst ihre Mutter du! Bei deinem ersten Strahl
Zuckt sie vor Lust; das Eis zerschmilzt, die Quellen rinnen
Wie Freudenthränen; doch zum andern Mal von hinnen
Reißt sie das Flammenroß, und neu wird ihre Qual.

Doch endlich wird geleert sein deines Zornes Schale,
O Herr! — du winkst! — sie brennt! sie glüht zum ersten Male
In eignem Licht, doch ist es eines Dochtes Brand,
Der sich durch Glühn verzehrt. Die Schöpfung sieht mit Staunen
Das Sterben einer Welt; alsdann hört man Posaunen,
Und die Wagschale schwebt in des Weltrichters Hand.

Ein Flammengürtel blitzt und wallt von Pol zu Pole;
Die Berge stürzen sich mit Zischen in die Soole
Des Meers; bis an den Mond weht Lohe, Schaum und Rauch;
Und — doch, dann will ich mich empor im Grabe richten,
Und will, wenn ich es kann, dies Lied zu Ende dichten —
Ich zittre; mit der Hand bedeck' ich Stirn und Aug'.

Henry.

Ein öd' und trüb' Gemach; der Abendsonne Schein
Bricht durch's vergilbte Glas der Fenster fahl herein!
Matt durch die matten Scheiben bricht er.
Ein Feldbett und ein Tisch; ein Sessel auch; und hier
Ein Sarg — was zitterst du? sei stark, und folge mir!
Laß uns betrachten zwei Gesichter.

Sieh' auf dem Tisch dies Bild! — ein Mädchen! — o wie hold!
Dies Auge! dieser Mund! und dieser Locken Gold!
O, dieser Liebreiz, diese Milde!
Ein himmelblaues Band umfängt den schlanken Leib;
Die jungfräuliche Brust......Liebt mich einmal ein Weib,
O Gott, so gleich' es diesem Bilde!

Nun aber wende dich! Sieh' da den Todtenschrein!
Ein Jüngling ruht in ihm; — aus weißen Laken dräun
Die starren, gramzerrißnen Züge.
Ein tiefer, stiller Schmerz umzuckt den bleichen Mund;
Doch gab den innern Sturm nie diese Lippe kund —
Er wollte, daß sie ewig schwiege!

Zurück das Leichentuch! — Siehst du in seiner Hand
Den blut'gen Dolch? — Sei Mann, entferne das Gewand! —
Sein Herz die Scheide dieses Dolches!
Einmal betrachte noch dies lächelnde Gesicht,
Und dann dies schmerzliche! — Nun komm! doch frage nicht:
Und solch ein Angesicht, o Gott, warum ein solches?

Im Herbst.
1836.

Und wieder ist es Herbst! — entblättert stehn die Bäume;
Dem dürren Laube gleich, verwehen meine Träume;
Aus Norden brauf't es hohl!
Es ziehn die Kraniche nach wärm'rer Meere Borden;
Erschrocken fahr' ich auf! ja, es ist Herbst geworden —
So war's auch Sommer wohl?

Und wieder ist es Herbst! — die alten Thürme trauern,
Befeuchtet hat der Hauch des Nebels ihre Mauern
Und ihrer Dächer Blei,
Der Nordwind rüttelt sie, die Wetterfahnen klirren;
Um die verwitternden sieht man die Dohle schwirren
Mit winterlichem Schrei.

Und wieder ist es Herbst! — Der Sommer ist vergangen;
Umsäuselt hat das Wehn des Lenzes meine Wangen —
Ich hab' es nicht gewußt!
Auf's Neue ließ ein Jahr ich ungenossen fliehen;
Und, ach! ich merk' es erst, da jetzo sein Verziehen
Mir schauert durch die Brust.

Und wo denn wieder war's, daß träumerisch indessen
Die Monden ich verpaßt; daß ich den Lenz vergessen,
Und Seufzer eingethan? —
Durchirrt hab' ich den Sand, ein Quell- und Schattenspäter;
Ich watete durch Blut; die Sonne war mein Führer,
Mein Roß der Ocean.

Ich sah der Wüste Brand und ihrer Körner Dürsten.
Versprengt von ihrer Schaar sah ich Nomadenfürsten;
Am Boden lag ihr Pferd.
Sie schauten grimmig aus nach einer Karavane;
An ihrem prächt'gen Gurt hing wimmernd die Sultane,
Nachschleifend wie ein Schwert.

Zur Fehde zog ich aus mit Rittern und Baronen;
Den Flamberg in der Faust, erstürmt' ich Mauerkronen
Gewieher und Geschnauf!
Die Leitern legt' ich an, ich klomm hinan die Scharten,
Ich pflanzte blutbefleckt die flatternden Standarten
Auf Feindesleichen auf.

Schlachtbanner, schwärzliche, zerschoss'ne sah ich fliegen;
Erschlagne Krieger starr am Boden sah ich liegen
Mit blut'gem Angesicht.
Es neigten Jungfrau'n sich hernieder zu den Todten —
Ach, ob sie Becher auch den kalten Lippen boten,
Sie weckten Jene nicht!

Und Flotten sah ich ziehn mit weißen Segelschwingen;
Ich sah sie rüsten sich zum Kampf; ich sah sie ringen,
Entmastet und entmar8t.

Ich sah sie bäumen sich, geschaukelt auf dem Rachen
Des alten Oceans; — ich sah es, wie mit Krachen
Ein Admiralschiff barst.

Von hoher Berge Stirn schaut' ich nach zweien Landen;
Tief unten, wo der Schlucht bereifte Tannen standen,
Ein bunter Maulthierzug!

Ich sah auf ihrem Haupt die weiß und rothe Feder!
Voran ein brausend Paar von Zeltern, deren jeder
Ein schwärzlich Mädchen trug.

Zigeuner waren es! — Geflirr von Tambourinen!
Sie zogen über's Joch des Berges in die grünen
Jenseit'gen Thalesau'n!

Den Schwalben gleicht dies Volk; es flieht des Winters Grenze;
Es sucht im Herbst ein Land, auf welches ew'ge Lenze
Vom Himmel niederthau'n!

Die Lenze sah ich wohl! doch den, der mich umgeben,
Ich ließ ihn achtlos fliehn! Ich träumte, statt zu leben!
Die Schwalben sammeln sich!

Ja, wieder ist es Herbst; er klirrt um meine Klause:
Er rüttelt mich: „Wach auf! kehr' ein im eignen Hause!
Du Sinnender, besinne dich!"

Vermischte Gedichte.

Im Walde.

Geh' ich einsam durch den Wald,
Durch den grünen, düstern,
Keines Menschen Stimme schallt,
Nur die Bäume flüstern:

O, wie wird mein Herz so weit,
Wie so hell mein Sinn!
Mährchen aus der Kinderzeit
Treten vor mich hin.

Ja, ein Zauberwald ist hier:
Was hier lebt und wächs't,
Stein und Blume, Baum und Thier,
Alles ist verhext.

Die auf dürren Laubes Gold
Sich hier sonnt und sinnt,
Diese Natter, krausgerollt,
Ist ein Königskind.

Dort, in jenen dunklen Teich,
Der die Hindin tränkt,
Ist ihr Palast, hoch und reich,
Tief hinabgesenkt.

Den Herrn König, sein Gemahl,
Und das Burggesinde,
Und die Ritter allzumal
Halten jene Gründe;

Und der Habicht, der am Rand
Des Gehölzes schwebt,
Ist der Zaubrer, dessen Hand
Diesen Zauber webt.

O, wüßt' ich die Formel nun,
So den Zauber löf't:
Gleich in meinen Armen ruhn
Sollte sie erlöf't,

Von der Schlangenhülle frei,
Mit der Krone blank,
In den Augen süße Scheu,
Auf den Lippen Dank.

175

Aus dem Teiche wunderlich
Stiege das alte Schloß;
Ans Gestade drängte sich
Ritterlicher Troß.

Und die alte Königin
Und der König, beide,
Unter sammt'nem Baldachin
Säßen sie; der Bäume Grüe
Zitterte vor Freude.

Und der Habicht, jetzt gewiegt
Von Gewölk und Winden,
Sollte machtlos und besiegt
Sich im Staube winden. —

Waldesruhe, Waldeslust,
Bunte Mährchenträume,
O, wie labt ihr meine Brust,
Lockt ihr meine Reime!

Die Tanne.

1.

Auf des Berges höchster Spitze
Steht die Tanne schlank und grün,
Durch der Felswand tiefste Ritze
Läßt sie ihre Wurzeln ziehn;

Nach den höchsten Wolkenbällen
Läßt sie ihre Wipfel schweifen,
Als ob sie die vogelschnellen
Mit den Armen wollte greifen.

Ja, der Wolken vielgestalt'ge
Streifen, flatternd und zerrissen,
Sind der Edeltann' gewalt'ge,
Regenschwangre Nadelkissen.

Tief in ihren Wurzelknollen,
In den faserigen, braunen,
Winzig klein, und reich an tollen
Launen, wohnen die Alraunen,

Die des Berges Grund befahren
Ohne Eimer, ohne Leitern,
Und in seinen wunderbaren
Schachten die Metalle läutern.

Wirr läßt sie hinunterhangen
Ihre Wurzeln ins Gewölbe;
Diamanten sieht sie prangen,
Und des Goldes Glut, die gelbe.

Aber oben mit den dunkeln
Aesten sieht sie schönres Leben;
Sieht durch Laub die Sonne funkeln,
Und belauscht des Geistes Weben,

Der in diesen stillen Bergen
Regiment und Ordnung hält,
Und mit seinen klugen Zwergen
Alles leitet und bestellt,

Oft zur Zeit der Sonnenwenden
Nächtlich ihr vorübersaus't,
Eine Wildschur um die Lenden,
Eine Kiefer in der Faust.

Sie vernimmt mit leisen Ohren,
Wie die Vögel sich besprechen;
Keine Sylbe geht verloren
Des Gemurmels in den Bächen.

Offen liegt vor ihr der stille
Haushalt da der wilden Thiere.
Welcher Friede, welche Fülle
In dem schattigen Reviere!

Menschen fern; — nur Rothwildstapfen
Auf dem moosbewachs'nen Boden! —
O, wohl magst du deine Zapfen
Freudig schütteln in die Loben!

O, wohl magst du gelben Harzes
Duft'ge Tropfen niedersprengen,
Und dein straffes, grünlichschwarzes
Haar mit Morgenthau behängen!

O, wohl magst du lieblich wehen!
O, wohl magst du trotzig rauschen!
Einsam auf des Berges Höhen
Stark und immergrün zu stehen —
Tanne, könnt' ich mit dir tauschen!

2.

Inmitten der Fregatte
Hebt sich der starke Mast,
Mit Segel, Flagg' und Watn;
Ihn beugt der Jahre Last.

Der schaumbedeckten Welle
Klagt zürnend er sein Leid:
„Was hilft mir nun dies helle,
Dies weiße Segelkleid!

Was helfen mir die Fahnen,
Die schwanken Leiterstricke?
Ein starkes innres Mahnen
Zieht mich zum Forst zurücke.

In meinen jungen Jahren
Hat man mich umgehauen;
Das Meer sollt' ich befahren
Und fremde Länder schauen.

180

Ich habe die See befahren;
Meerkön'ge sah ich thronen;
Mit schwarzen und blonden Haaren
Sah ich die Nationen.

Isländisch Moos im Norden
Grüßt' ich auf Felsenspalten;
Mit Palmen auf südlichen Borden
Hab' Zwiesprach ich gehalten.

Doch nach dem Heimathberge
Zieht mich ein starker Zug,
Wo ich in's Reich der Zwerge
Die haarigen Wurzeln schlug.

O stilles Leben im Walde!
O grüne Einsamkeit!
O blumenreiche Halde!
Wie weit seid ihr, wie weit!"

Die Todten im Meere.

Tief unter grüner Meereswell',
Auf Muschelbank und Kies,
Da schlummert mancher Schiffsgesell,
Der frisch vom Lande stieß.

Die See riß sein gebrechlich Boot
Hinab auf ihren Grund;
Im Sturme fand er frühen Tod,
Und war doch so gesund.

Tief unter grüner Meereswog',
Auf Kies und Muschelbank,
Da schlummert mancher Andre noch,
Der nicht im Sturm ertrank.

Er ward in enger Koje kalt,
Kam nie zurück zum Port.
Man hat ihn auf ein Brett geschnallt
Und warf ihn über Bord.

Ein großes Grab ist Meeres Grund,
Ein Kirchhof Meeres Spiegel;
Die Wellen, schwellend all und rund,
Das sind die Grabeshügel.

O, könnte man dort unten sein,
Wär' Meeresflut verronnen:
Man säh' der Schläfer lange Reihn,
Säh' von Polypen ihr Gebein,
Das bleiche, roth umsponnen.

Man säh' ihr Kissen: weiches Moos,
Und Sand und Meereslinsen;
Man säh', wie sie mit Zähnen bloß
In's Fischgewimmel grinsen.

Man säh', wie ihren Knochenarm
Der Sägefisch polirt;
Wie sie der Meeresfrauen Schwarm
Mit seltnen Gaben ziert.

Die eine salbt, die andre flicht
Ihr Haar, das lang begaffte,
Und schminkt ihr beinern Angesicht
Mit Purpurschneckensafte.

Die eine singt ein traurig Lied,
Die kommt mit Muschelschnüren.
Man säh' die todte Schaar umglüht
Von wunderbaren Zieren;

Säh' Hand und Knöchel schön umglänzt
Von gelben Bernsteinschnallen;
Der nackte Schädel wär' bekränzt
Mit krönenden Korallen.

Und theure Perlen, rein und weiß,
Das wären ihre Augen.
Man säh' der Tiefe bunt Geschmeiß
Ihr Beinmark gierig saugen.

Man sähe jeden schlanken Mast,
Den einst die Flut getragen,
Den jetzt ein Meeresfels umfaßt,
Einen Todten überragen;

Säh' ihn, benagt von Fisch und Wurm,
Gewurzelt fest in Torfe;
Der Schläfer meint, es sei der Thurm
Von seinem Heimathdorfe. —

184

Ja, unter grüner Meereswell',
Bei Perlen silberfarb,
Da liegt manch rüstiger Gesell,
Der in den Wellen starb.

Er schlummert fern von Haus und Hof;
Keine Blume ziert sein Grab,
Und keine Freundesthräne troff
Auf sein Gesicht hinab.

Er schlummert süß; umbüstert auch
Sein Grab kein Rosmarin,
Umsäuselt's auch kein Rosenstrauch,
Keiner Trauerweide Grün,

Was thut's? — und daß sein Angesicht
Kein Thränenregen schlug,
Den Todten im Meere kümmert's nicht!
Er ist ja naß genug!

Geisterschau.

Gleichwie an des Ades Thor
Wagend sich Odysseus setzte,
Die Gestorbenen beschwor,
Und mit Widderblut sie letzte;

Daß für das ersehnte Naß
Jeder seinen Spruch ihm gebe,
Daß zumal Teiresias
Ihm der Zukunft Schleier hebe:

So auch oft an dem Gestad
Meines Erebos, des Meeres,
Sitz' ich, der Laertiad'
Eines luft'gen Todtenheeres.

Aber nicht durch Blut und Wein,
Ird'schen Stoff, bin ich ihr Meister;
Kraft des Willens sind sie mein:
Nur der Geist beschwört die Geister!

Aus des Geistes Tiefen quillt,
Was das Aug' als Geister schauet;
Aus mir selber, kühn und wild,
Steigt empor, davor mir grauet.

Siehe, roth vom eignen Blut,
Kommen sie herangezogen,
Seelen derer, so die Flut
In das Todtenreich gezogen;

Kön'ge, denen aus der Hand
Sie das goldne Scepter spülte;
Mädchen, denen sie entbrannt
In den todten Reizen wühlte;

Schiffer, denen hundert Jahr'
Wellen schon den Schädel netzen —
Wende dich, du düstre Schaar,
Denn es fasset mich Entsetzen!

Weh'! was hab' ich euch gestört,
Schlumm'rer auf dem Grund der Meere!
Weh', wo ist des Griechen Schwert,
Daß ich eurem Zürnen wehre!

Die Magier.

(Im Dom zu Cöln.)

Wie wenn Phiolen, die der Meister,
Bannworte murmelnd, wohl verpicht,
Mit kecker Hand ein junger, dreister,
Lehrling der Zauberkunst zerbricht;

Urplötzlich füllt das wunderliche
Gemach ein leichter blauer Rauch,
Narkotisch steigen Wohlgerüche
Aus der geborstnen Flasche Bauch;

Und wie die Menge der zerstreuten
Duftflocken sich zusammenballt,
So werden sie zu des befreiten
Elementargeists Lichtgestalt;

Zum Dank, daß er zerbrach das Siegel,
Das seinen Kerker lange Zeit
Schloß, will er Jenem seine Flügel
Leihn, und der Erde Herrlichkeit;

Ihm zeigen: — so aus diesen Düften
Des Weihrauchs, die der Kirche Chor
Durchziehn, tritt riesig, um die Hüften
Den Gurt, ein Genius hervor.

Sandalen trägt er an den Sohlen!
Es ist ein Geist der Wüstenei.
Im Weihrauch schlief er! dieser Kohlen
Glut machte den Gebundnen frei.

Aus langen Reihen ernster Beter
Trägt dahin er mich durch die Luft,
Wo nicht Ein Haus, wo ganz der Aether
Durchwallt wird von des Weihrauchs Duft.

Ihr heil'gen, königlichen Dreie,
Erzeigt er diese Gnade mir,
Wie ließ er euch, einst Jemens treue
Stammführer, in den Mauern hier?

Er pocht an euer Grabgewölbe,
Und weckt vom langen Schlaf euch auf,
Salbt euer Haar und drückt die gelbe
Pracht goldner Diademe drauf.

Ihr wandelt wieder durch die Lande,
Die gläubig einstens ihr durchirrt!
Die Rosse harren noch im Sande,
Gezäumt, gesattelt und geschirrt.

Ihr bindet los sie von den Bäumen,
Und tretet in die Bügelschuh',
Und führt an rothen Kerbvanzäumen
Dem Abend die Kameele zu.

Ihr sammelt Weihrauch, Gold und Myrrhen,
Und häuft — die Weihnacht ist nicht weit! —
In tiefen, funkelnden Geschirren
Der Gabenfülle Kostbarkeit.

Ihr folgt dem Scheine des Kometen
Auf's Neue nach Jerusalem;
Die Prophezeihung des Propheten
Seht ihr erfüllt zu Bethlehem.

Nebo.

1880.

Auf Jordans grünen Borden
Da weilte Jakobs Samen,
Da feierten die Horden,
Die von Mizraim kamen,
Da lagerten die Schaaren,
Da hielt der Heerzug Rast,
Seit langen, langen Jahren
Der sandigen Wüste Gast.

Da legten ihre Stecken
Die Wandrer aus den Händen,
Und spreizten weiche Decken,
Entgürtend ihre Lenden.
Und auf den Decken reinlich,
Da lagen, bunt geschaart,
Die Männer, schlank und bräunlich,
Mit schwarzgelocktem Bart.

Da waren ihre Hütten
Von Leinen aufgestellt,
Und in der Zelte Mitten
Hob sich des Stiftes Zelt.
Da schützten grüne Sträuche
Sie vor der Glut der Sonnen;
Da füllten sie die Schläuche
Am kühlen Wasserbronnen.

Da salbten sie die Leiber,
Die staubigen, mit Oele;
Da striegelten die Treiber
Die dampfenden Kameele:
Da ruh'te wiederkäuend
Im Grase Heerd' an Heerde;
Da flogen wild und scheuend
Die langgeschweiften Pferde.

Da freuten sich die Mütden
Und hoben fromm die Hände,
Daß ihnen bald beschieden
Der langen Wallfahrt Ende:
Da schärften sie die Schneide
Des Schwerts mit kräft'ger Hand,
Zu kämpfen um grüne Weide
In ihrer Väter Land,

Das ihrer schien zu warten
Am andern Bord des Flusses,
Ein lachender Gottesgarten,
Ein Land des Ueberflusses.
Auf ihren Wüstenzügen
Sahn sie es oft im Geist —
Jetzt sehn sie's vor sich liegen,
Das Land, wo Milch und Honig fleußt.

Im Thal ruhn die Nomaden,
Und jauchzen: Canaan! —
Ihr Haupt auf steilen Pfaden
Klimmt das Gebirg hinan.
Schneeweiße Locken fließen
Auf seine Schultern dicht!
Zwei goldne Strahlen schießen
Aus Mosis Haupte licht.

Und wie er nun die Höhe,
Die schauende, erreicht,
Und, daß er Alles sehe,
Sich zitternd vorwärts beugt:
Da glänzen ihm die Auen,
Von tausend Freuden voll,
Die er nur sehnend schauen,
Doch nicht betreten soll.

Da dehnen sich die Flächen,
Wo Korn und Traube reift:
Da ist mit weißen Bächen
Das grüne Land gestreift;
Da schwärmen Bienenkörbe,
Da wiehert Pfluggespann;
Da funkelt Juda's Erbe
Von Berseba gen Dan.

„Ich habe dich gesehen!
Jetzt ist der Tod mir recht!
Säuselnd, mit leisem Wehen,
Herr! hole deinen Knecht!" —
Da naht auf lichter Wolke
Der Herr des Berges Rücken,
Dem müden Pilgervolke
Den Führer zu entrücken. —

Auf einem Berge sterben
Wohl muß das köstlich sein!
Wo sich die Wolken färben
Im Morgensonnenschein.
Tief unten der Welt Gewimmel,
Forst, Flur und Stromeslauf,
Und oben thut der Himmel
Die goldnen Pforten auf.

Die Bilderbibel.

Du Freund aus Kindertagen,
Du brauner Foliant,
Oft für mich aufgeschlagen,
Von meiner Lieben Hand;
Du, dessen Bildergaben
Mich Schauenden ergötzten,
Den spielvergeßnen Knaben
Nach Morgenland versetzten:

Du schobst für mich die Riegel
Von ferner Zone Pforten,
Ein kleiner, reiner Spiegel
Von dem, was funkelt dorten!
Dir Dank! durch dich begrüßte
Mein Aug' eine fremde Welt,
Sah Palm', Kameel und Wüste,
Und Hirt und Hirtenzelt.

Du brachtest sie mir näher,
Die Weisen und die Helden,
Wovon begeisterte Seher
Im Buch der Bücher melden;
Die Mädchen, schön und bräutlich,
So ihre Worte schildern,
Ich sah sie alle deutlich
In deinen feinen Bildern.

Der Patriarchen Leben,
Die Einfalt ihrer Sitte,
Wie Engel sie umschweben
Auf jedem ihrer Schritte;
Ihr Ziehn und Heerdentränken,
Das hab' ich oft gesehn,
Konnt' ich mit stillem Denken
Vor deinen Blättern stehn.

Mir ist, als läßt du prangend
Dort auf dem Stuhle wieder;
Als beugt' ich mich verlangend
Zu deinen Bildern nieder;
Als stände, was vor Jahren
Mein Auge staunend sah,
In frischen, wunderbaren,
Erneuten Farben da;

Als säh' ich in grotesken,
Verworrenen Gestalten
Auf's Neue die Moresken,
Die bunten, mannigfalten,
Die jedes Bild umfaßten,
Bald Blumen, bald Gezweig,
Und zu dem Bilde paßten,
An sinniger Deutung reich!

Als trät' ich, wie vor Zeiten,
Zur Mutter bittend hin,
Daß sie mir sollte deuten
Jedweden Bildes Sinn.
Als lehrte zu jedem Bilde
Sie Sprüche mich und Lieder,
Als schaute sanft und milde
Der Vater auf uns nieder.

O Zeit, du bist vergangen!
Ein Mährchen scheinst du mir!
Der Bilderbibel Prangen,
Das gläub'ge Aug' dafür,
Die theuren Eltern beide,
Der stillzufriedne Sinn,
Der Kindheit Lust und Freude —
Alles dahin, dahin!

Sandrinelle.

1.

1824.

Noch Knabe war ich, als Trompetenklang
Früh Morgens einst zu meinen Ohren drang —
Hinaus, hinaus, das sind Husaren!
Kommt! Um die Ecke! Dort hat es geschallt!
Fort auf den Markt! — Da sah'n wir freilich bald,
Daß die Trompeter keine Krieger waren.

Berittne zwar, phantastisch angethan!
Zuerst ein Neger mit gestickter Fahn',
Darnach ein Mädchen, steh'nd auf stolzem Pferde!
Sechs, sieben Jahr' alt! Mit der kleinen Hand
Den Braunen zügelnd! Schimmernd im Gewand
Der Amoretten! Lächelnd von Geberde!

Dann Frau'n und Männer, sitzend hoch zu Roß!
Weh'n seidner Mäntel! Ritterlich Geschoß!
Horn, Trommel, Federn und Barette!
Und, o der Renner und Geschirre Pracht! —
Doch dachten wir bei Tag und auch bei Nacht
Zumeist nur an die Amorette. —

Bereiter waren's! Andern Tags erhob
Sich schon ihr Zelt, und wälzte sich ihr Lob
Von Mund zu Munde durch die Straßen.
Was Curtius! Was Berba gar auf Mi!
Was Odyssee! Wir dachten nur an Sie,
Bis endlich wir im Circus saßen!

Da sahn wir denn, das wir bisher gekannt
Aus Büchern nur, der Wunder altes Land!
Beim Himmel, dieser Rennbahn Räume
Umfaßten es: Helmzierden, Hermelin,
Speerschwinger, Türken, schwarzer Augen Glühn,
Wiehernde Rappen und verhängte Zäume!

Und über allem sie, die kleine Fee
Des über Nacht erstandnen Mährchens! — Seh'
Ich sie nicht heute noch, jetzt fächelnd
Ihr schnaubend Thier, jetzt mit holdsel'gem Gruß
Die Bahn durchsprengend, jetzt den kleinen Fuß
Der Kreide bietend, immer lächelnd!

Wir zählten dreizehn, höchstens vierzehn Jahr';
Die Kleine sieben! — Bei den Göttern, war
Es zu verwundern, wenn wir. gerne
Das Aug' erhoben zu der wilden Brut,
Mit Kennermiene sagten: „Die wird gut!"
Und scheu sie grüßten aus der Ferne?

Du Meteor aus unsrer Knabenzeit,
Es war uns wahrlich kein geringes Leid,
Als du nun schiebest, Landrinette! —
Und, o, der Thränen erst, als alle Welt
Bald d'rauf erzählte, daß in Bielefeld
Das Hälschen sie gebrochen hätte!

2.
1835.

Kennt ihr die Leere, kennt den Ekel ihr? —
Verdrossen durch die Gassen gingen wir;
Das Wort ließ ich die Andern führen.
Bei Gott! es war ein wichtiges Gespräch;
Sie unterhielten sich den ganzen Weg
Von Dirnen und von Staatspapieren.

Auf einer Ecke d'rauf ward Halt gemacht.
Es war noch früh. „Was treibt ihr diese Nacht?" —
Gegähne durch die ganze Gruppe.
„Nun denn! Theater, Café, Karoussel?" —
„„Bah, seh'n wir lieber noch die Kenebel!
Baptiste ist da mit seiner Truppe!"" —

So ging es denn zur Bude Loissets; —
Wie sprudelte, ein übervoll Gefäß,
Vom Schaum des Volks der luft'ge Kasten!
Trompetentusch, die Pforte thut sich auf!
Staub, Hufgestampf, ein ganzer Reiterhauf!
Entblößte Säbel, weh'nde Quasten!

Sechs Türken und sechs Amazonen! — Ha,
Sieh' den Piqueur der Reiter! Jenen da!
Den Schnurrbart mit den prallen Schenkeln;
Das ist Baptiste! Sieh', wie den Gaul er hetzt!
Sieh', mit den üpp'gen Reiterinnen jetzt
Beginnt er frisch ein lustig Plänkeln!

Und wer führt die? Doch nicht die Kenebel? —
„Die," sagt man, „hat ein lüsterner Gesell
Beschwatzt, daß sie mit ihm entrinne.
Sei's! bald von selber trifft sie wieder ein!" —
Wer aber mag die Amazone sein? —
„Nun, wer denn anders, als die Hinne?" —

Was, Hinne? . . . . Teufel, doch dieselbe nicht,
Die . . . . Und wie Schuppen fiel's mir vom Gesicht!
'S war Minna Hinne! Landrinette!
Zur prächt'gen Ros' erschloß die Knospe sich;
Das Kind ward Weib, und einer Venus glich
Heut' jenes Tages Amorette!

O, seltsam Treffen nach so langer Zeit!
Damals ein Städtchen tief im Lande — heut'
Die Weltstadt dicht am Meeresstrande!
Elf Jahre, Mädchen, sind seitdem entflohn!
Du strahlst und blühst — ich aber stehe schon
An meiner spät'sten Jugend Rande!

Du hast seitdem geritten und geschwärmt; —
Du Wilde, sprich, hast du dich auch gehärmt?
Hast du gelitten und gejammert?
O, sprich, floh dieses süße Lächeln nie?
Hast du, wie Mignon, eines Meisters Knie,
Stillweinend, niemals denn umklammert? —

Ich? — Einerlei! — Frisch, Mädchen, zieh' dein Schwert!
Vorwärts! laß sausen durch die Bahn dein Pferd!
Laß fliegen seines Schaumes Flocken!
Laß weh'n dein Kleid! laß pochen deine Brust!
Halt! So, nun ordne, deines Siegs bewußt,
Dir lächelnd deine schwarzen Locken!

Mich aber laß, o schöne Reiterin,
Düster und ernst, wie ich es meistens bin,
Verschränkten Armes vor dir stehen!
Elf Jahre flohen — dir, mein Kind, wie mir!
Komm', lasse mich mit trübem Lächeln dir
In dein verzehrend Auge sehen!

Das Husarenpferd.

Vor mir stand der muth'ge Rapp,
Der zum Kampfe wohlgeschirrte:
Nagte schier die Zügel ab,
Schlug das Pflaster, daß es klirrte.

Funken flogen, und ich sprach:
„Dieses Pflaster, Rapp, ist steinern;
Aber kommen wird der Tag,
Wo dir eines dröhnt, das beinern:

Auf dem Schlachtfeld Stirn an Stirn
Derer, welche sie erschlugen!
Nur gewiehert! Blut und Hirn
Sind der Mörtel seiner Fugen!

Und als Funkensaat ersprühn
Ihm der Sterbenden Gedanken!
Ihre letzten! sengend glühn
Sie um Schenkel dir und Flanken!

Wimmernd diese, fluchend die,
Werden alle dich verklagen!
Aber schnaubend wirst du sie
Mit dir fort im Hufhaar tragen!"

Heinrich der Seefahrer.
1833.

1.

Prächtig, noch in Trümmern hehr,
Mit Moskee und Marmorbade,
Wie ein Mährchenpalast der
Sultanin Scheherezade,

Schriften über dem Portal,
Steht die Mohrenburg Alhambra.
In dem Kloster Estuxial
Blitzt Demant und duftet Ambra.

Trotzig, wie ein Wüstenleu,
Aus dem Meer, ein Felsenallar,
In die gelbe Berberei
Wachsam schauend, ragt Gibraltar. —

Was sie bauten, was sie bau'n
In den beiden Königreichen,
Die der Sierren Kämme schau'n,
Muß dem Thurm des Prinzen weichen.

Bei dem Vorgebirg Vincent
Steht ein Thurm mit Marmorschwellen;
Eine helle Fackel brennt
Dort, den Erdball zu erhellen.

Karten, Rollen mancherlei,
Sammt Boussolen und Quadranten,
In der stillen Bücherei
Liegen dort um den Infanten.

In den Hallen Belems tönt
Lied und Flüstern holder Damen:
Doch der Sohn des Königs lehnt
Ernst am hohen Fensterrahmen.

Ueber das bewegte Meer
Schweifen läßt er seine Blicke,
Und nach Ländern, die nur Er
Schaut, den Völkern eine Brücke

Schlagen will er. Seine Hand
Streckt er aus nach Negerkronen;
Schiffe hat er ausgesandt,
Zu entdecken fremde Zonen.

An dem Lauf des Senegals,
Zwischen Berbern und Giraffen,
Zeigen Krieger Portugals
Ihre Waffen und Agraffen.

Zu Lisboa prangt das Gut
Ueberwundner, reicher Mohren;
Aus der kühn durchkreuzten Flut
Tauchen schimmernd die Azoren.

Milden Himmels, reich an Holz,
Zeigt den Schiffern sich Madera;
Heinrichs Wimpel flattern stolz
Auf der Rhede von Terzera.

Nächtlich tritt an seinen Pfühl,
Fremd geschmückt, die Aventure,
Daß sie bunter Träume Spiel
Seinem Geist vorüberführe.

Blumen, die in Indien blühn,
Streut sie lächelnd auf den Schläfer;
Leuchtend durch die Kammer ziehn
Läßt sie Senegambiens Käfer.

Südlich vom Drei-Spitzen-Cap,
Wo die Datteln und die Mandeln
Wachsen, und der Baobab,
Läßt sie den Geliebten wandeln.

Elephanten vor ihm knien
Läßt sie, auf dem Rücken Thürme;
Und vor Diaz führt sie ihn
Nach dem Vorgebirg der Stürme.

An des Persermeeres Saum
Ruht er aus auf Goa's Molo. —
Glich dein Reisen solchem Traum,
Sohn Venetia's, Marko Polo?

2.

Dies Guinea? dies das Cap?
Indien dies, das Ziel der Reise?
Auch um mich mit goldnem Stab
Ziehst du deine Zauberkreise,

Aventure? sendest mir
Deinen Greifen, breit von Schwinge,
Daß im Traum das Fabelthier
Mich nach Mährchenländern bringe?

Reichst mir Kronen und Gestein
Von Kalifen und von Khanen?
Dringst mit mir in Wälder ein,
Voll von rankenden Lianen?

Sorgst, daß man zur Tigerjagd
Elephanten für mich schirre?
Führst mich lächelnd durch die Pracht
Der Oasen in der Dürre?

210

Zeigst mit triefendem Gebiß
Mir den Panther unter Myrthen?
Dieses ist der Felsenriß,
Wo zum Flug sich Geister gürten?

Dies ist des Propheten Gruft?
Hier im Fels, von Cactusblüthen
Purpurn, ist die finstre Kluft,
Wo das Einhorn Zaubrer hüten?

Diese Knaben, wie der Lenz
Blühend, Kronen in den Händen,
Sind des reichen Orients
Genien? — o, hör' auf zu blenden!

Laß auf Andre, nicht auf mich,
Deines Hornes Fülle strömen;
Die, verständiger, als ich,
Wählend, deine Gaben nehmen!

Sieh', der Schiffer kehrt mit Gold
Aus des Südens heißen Zonen;
Edle Würzen sind der Sold,
Die den kühnen Zug belohnen.

Thiere, die kein Aug' gesehn,
Vögel, die am Südmeer nisten,
Pflanzen, die am Indus stehn,
Legt der Forscher in die Kisten.

Und der Weise, zieht er aus
In des Ostens glüh'nde Striche,
Trägt als Beute sich nach Haus
Fremder Lehre tiefe Sprüche.

Ich, aus Ländern, wo des Lichts
Aufgang, aus den buntgestickten
Türkenzelten, bringe Nichts,
Als die Bilder des Erblickten;

Die ich, frisch und farbenreich,
Mit des Liedes bunten Netzen
Fess'le; doch kommt Solches gleich
Jener Männer bessern Schätzen?

Was sind Lieder, deren Saum
Fremde Reime wirr umranken,
Wie an einem Tropenbaum
Lianenblumen üppig schwanken?

La vida es sueño.

Ich glaub', ich bin der Perserkhan,
Der, untertauchend mit dem Haupte,
Geschichten, welche nie geschahn,
Nun plötzlich zu erleben glaubte.
Was ich mein Leben nenne, kaum
Glaub' ich, daß es mein rechtes Leben;
Ein wunderlicher Kufentraum
Ist es, und ich bin Sultan eben.

Was mir begegnet, Gut und Bös,
Was könnt' es anders sein, als Träumen?
Wann tauch' ich auf aus dem Gefäß
In meines Marmorschlosses Räumen?
Von Balsam duftet das Gemach;
Die Krieger harren an den Thüren;
Und lächelnd, daß ich wieder wach,
Meld' ich mein Träumen den Wessiren.

Daß sie nicht eher mich geweckt,
Sie sollen es mir nicht entgelten;
Hat manches Bild mich auch geschreckt,
Doch würd' es Unrecht sein, zu schelten.
Denn manches auch hat mich gelabt,
Wie Sonnenlicht auf Wolkensäumen,
Und manchen Traum hab' ich gehabt,
Den ich allzeit hätt' mögen träumen.

Und auch die andern — weiß ich doch,
Es ist ja Träumen nur und Tauchen;
Mir bleibet meine Krone noch,
Was sollt' ich da zu zagen brauchen. —
So schreib' mit Kreide lächelnd ich
Des Spaniers Wort auf meine Thüre,
Und summ': o, wecke Keiner mich,
Ihr Kämmerer und ihr Wessire!

Ein Flüchtling.

In einem meiner Träume sah
Auf schweißbedecktem Rosse
Einen Reiter ich, wie toll verfolgt
Von seiner Feinde Trosse.

An seinem Speer das Fähnlein war
Zerrissen, voller Löcher;
Doch straff war seine Senne noch,
Und voll noch war sein Köcher.

Und keck im schärfsten Jagen noch
Rückwärts im Sattel wandt' er
Und warf er sich, und manchen Pfeil
In's Herz der Feinde sandt' er.

Da stürzte der auf's Mähnenhaar,
Der sank auf's Kreuz dem Pferde,
Der andre mit dem Haupte gar
Schlug nachgeschleift die Erde.

Wohl ritt der Reiter nun im Schritt,
Zog aus die Stahlhandschuhe,
Doch dacht' er, als er weiter ritt:
„Der Teufel hol' die Ruhe!

Und solch ein Reiten, zahm und sacht,
Als wär' mein Gaul ein blinder!
Verfolger, die ich schlug, erwacht!" —
So er, und ich nicht minder:

„O Lieb', o Grimm, o Schmerz, o Lust!
Laßt brausen eure Wogen!" —
Ich habe leider lange schon
Die Handschuh ausgezogen.

Vorgefühl.

Mich selber oft im Geist hab' ich gesehn,
Erträumtem Glücke rastlos jagend nach:
Unstät und düster schweift' ich auf den Seen —
Ich weiß es nicht, was mir begegnen mag!

Doch allemal, wenn träumend so zu schau'n
In künft'ge Zeiten ich mich unterfing,
Erfaßte mich ein innerliches Grau'n,
Und meine Thränen flossen, wie ich ging.

Denn wo ich auch gelegt mein Fahrzeug an,
Wie rings ich auch, was Glück man nennt, geschaut:
Ich kam zurück, ein milder alter Mann,
Mein Bart verwildert und mein Haar ergraut.

Wer grüßte mich? Wer nahm mir ab den Stab?
Weh', nicht mehr fand ich, die ich einst verließ!
Wo seid ihr? kommt! ich kehrte! — Gott, ihr Grab
War Alles, was ein neu Geschlecht mir wies!

Dann starb ich selbst: — ich sah mich auf der Bahr',
Doch schaut' ich Keinen, klagend um mein Loos.
Mein Sterbehemd war rein und weiß, doch war
Es nicht das Hemd der Waschfrau Chamisso's.

Fieber.

„Nur Wasser! o, das kühlt! — die Fratze
Fällt nachgerade mir zur Last!
Das Maul des Kerls und seine Glatze
Sind mir bis in den Tod verhaßt!
Jetzt an den Puls, jetzt eine Prise —
Fort mit der Hand, armsel'ger Tropf!
Ja murre, Fas'ler! Krise, Krise! —
Du Narr, das Glas dir an den Kopf!

Endlich, der Zaubrer ist bezwungen!
Mein dreister Wurf hat ihn gebannt.
Dem Wächtervolk bin ich entsprungen!
O, welch ein Schweben! welch ein Land!
Der Wald von Duft durchzogen! golden —
Die Sonne badet sich — der Strom!
Das Feld voll tausendfarb'ger Dolden!
Der Himmel ein sahphirner Dom!

Wie kühl ist's unter diesen Bäumen!
Ach, ich bin matt! wie naß mein Haar
Zu trinken! — Ha, Pokale schäumen,
Und Mädchen reichen sie mir dar!
Ach! laßt mich schlummern! — sie bekränzen
Die Stirne mir; der Schönsten Arm
Umfängt mich; ist das Schwerterglänzen? —
Zurück, ohnmächt'ger Söldnerschwarm!

Wer will in meiner Lust mich stören?
Ich grins' ihn an, ich sprech' ihm Hohn.
Und diese Klinge soll ihn lehren,
Wen er geweckt mit seinem Drohn.
Erschallt, Trompeten! fliegt, Standarten!
Helmschweife, flattert! Mörser, kracht!
Auf ihren Schädeln wetzt die Scharten
Der Schwerter aus! vorwärts! zur Schlacht!

O seht, wie rieselt aus den Wunden
Das Blut! wie spritzt es himmelan!
Die Streiter alle sind verschwunden,
Ein Blutmeer überschwemmt den Plan.
Wild braus't es! helft, daß ich entrinne!
Vor meinem Aug' schwimmt's purpurro
Die Flut ergreift mich; mitten inne
Auf einer Insel steht der Tod.

Zu seinen Füßen speit die Welle
Mich aus; — laß ab, laß ab! — das Thor
Des Himmels dort, hier das der Hölle!
Aus jedem zuckt ein Arm hervor.
Er wirft mich mit verruchtem Lachen
Den Armen zu — sie packen mich!
Des Himmels Engel und die Drachen
Der Hölle streiten sich um mich.

O Gott, o Gott! wie sie mich recken!
Ihr glaubt wohl, daß ihr Eisen dehnt! —
Hierhin und dorthin! — Flammen lecken,
Und unter mir gespenstisch gähnt
Das ew'ge Nichts! — wohin entrinn' ich?
Sie lassen los, sie stürzen jach
Mich in den Abgrund — ha, wo bin ich?
Bei euch? seid ihr es? o, bleibt wach!

O, geht nicht fort! — da kommt er wieder!
Seht ihr ihn nicht? es ist der Tod!
Er beugt sich grinsend zu mir nieder;
O, steht mir bei in dieser Noth! —
Zurück! was legst du mir die Kohle
Aufs Haupt? — ein Loch zu brennen? sprich!
Daß meine Seel' der Teufel hole,
Wenn sie hinausfährt? — wahre dich!"

Wahnsinnig sprang er auf vom Lager,
Pochend die Brust, die Faust geballt,
Die Augen rollend, schlaff und hager
Die halbbekleidete Gestalt.
Wirr um die bleichen Schläfen hingen
Die Haare; brennend, bräunlich roth
Das Antlitz. „Tod, nun laß uns ringen!" —
Er sank zusammen — er war todt!

Zwei Feldherrngräber.

1.

Hier unter diesem Steine
Zur Seite des Portals
Verwesen die Gebeine
Des tapfern Generals.
Er ist im Kampf gefallen,
Zerschossen und zerfetzt;
In dieses Domes Hallen
Hat man ihn beigesetzt.

Hier hat man ihm erhoben
Ein prächtig Monument,
Daß Jedermann die Proben
Von seinem Muthe kennt.
Es ist ein eh'rner Leue,
Mit krauser Mähne, fahl;
Der liegt und wacht mit Treue
Auf dem Piedestal.

Und unten ist zu lesen,
Gehauen in den Stein,
Wie groß der Mann gewesen,
Den dieses Grab schließt ein;
Wie mehr, als das Gekritzel
Der Feder, gall sein Schwert;
Die Schlachten und Scharmützel,
Wo er das Feld gelehrt;

Wie fortlebt im Gesange,
Was seine Faust gethan. —
Das deutet auch die Schlange
Am Fuß des Denkmals an.
Sie liegt, zu einem Runde
Gerollt, den glatten Schweif
Hinangekrümmt zum Munde:
Ein deutungsvoller Reif!

Wohl mag's dir nicht behagen
Hier in der Kirch', o Held!
Ein wurmzerfreßner Schragen
Dein Feldbett und dein Zelt.
Statt Predigt, Singen, Beten,
Geläut und Glockenschlag,
Vernähmst du gern Trompeten?
Wart' bis zum jüngsten Tag!

2.

Bei diesen schlanken Bäumen
Im feuchten Pisangschatten,
Magst du anjetzo träumen,
O Kühnster der Maratten!
Im wilden Vorwärtstraben
Bist du vom Hengst geschossen;
Hier haben dich begraben
Die flüchtigen Genossen.

Es ist an dieser Stelle
Einsam und schauerlich;
Hier ringelt, bunt von Felle,
Die Abgottschlange sich.
Sie wälzt sich auf dem Grunde,
Und zischt, den glatten Schweif
Gekrümmt zum gift'gen Munde:
Ein deutungsvoller Reif!

Ein Leu tritt aus den Büschen
Im Schmuck der gelben Mähne;
Flieht nicht der Feindin Zischen
Und ihre spitzen Zähne.
Auf's Grab legt sich der Wilde;
Starr liegt er auf den Sprossen,
Nicht ungleich einem Bilde,
Aus braunem Erz gegossen.

Es nähern sich vom Hügel
Zwei Reiter, gelb von Haut;
Sie richten sich im Bügel,
Der eine spricht halblaut:
„Siehst du den Löwen liegen,
Er hält am Grabe Wache.
Laß deinen Falben fliegen,
Und knirschend murmle: Rache!"

Audubon.

1833.

Mann der Wälder, der Savannen!
Neben rother Indier Speer,
An des Mississippi Tannen
Lehntest du dein Jagdgewehr;

Reichtest Indianergreisen
Deine Pfeife, deinen Krug;
Sahst der Wandertaube Reisen
Und des Adlers stillen Flug;

Lähmtest ihren schnellen Flügel
Mit der Kugel, mit dem Schrot;
Auf der großen Flüsse Spiegel
Durch die Wildniß schwamm dein Boot;

Kühn durchflogst du der Savanna
Gräser, im gestreckten Trab;
Beer' und Wildpret war das Manna,
So dir Gott zur Speise gab;

In den Wäldern, in der Oede,
Die der Thoren Ruhm: Cultur,
Noch nicht überzog mit Fehde,
Freu'test du dich der Natur.

Du noch konntest es! — die Stunde
Kommt — nicht fern mehr ist die Zeit! —
Wo das Land von Baffins Sunde
Bis Cap Horn ein ander Kleid

Tragen wird! — Sieh' da: du reiche,
Waldige Columbia,
Liegst du nicht gleich einer Eiche
Auf dem Planiglobe da?

Aus des Südens kalten Meeren
Wächst der mächt'ge Stamm hervor:
Schlängelnd ziehn die Cordilleren —
Epheu! — sich an ihm empor.

Hoch im Norden in die Breite
Geht er, wenig mehr belaubt;
An den Pol rührt das beschneite,
Eisbehangne, starre Haupt.

Hirsche ruhn in seinem Schatten,
An Geflügel ist er reich,
Und der Indier Hangematten
Schweben nieder vom Gezweig.

Grün und üppig prangt der Starke;
Doch bald steht er ohne Zier;
Denn an seiner Blätter Marke
Zehrt der Wanderraupe Gier.

Nabowessier, Tschippawäer,
Heult den Kriegsruf, werft den Speer!
Schüttelt ab die — Europäer!
Schüttelt ab das Raupenheer!

Seit in eure Hirschfellhütten
Trat des Meeres kluger Sohn,
Ist die Reinheit eurer Sitten,
Ist das Glück von euch geflohn.

Weh', daß ihr ihn nicht verscheuchtet,
Da er Land von euch erfleht!
Weh', daß ihr ihm arglos reichtet
Das geschmückte Kalumet!

Nieder brennt er eure wilden
Wälder, nimmt von euch Tribut,
Spült von euren Lederschilden
Der erschlagnen Feinde Blut;

Sauf't einher auf Eisenbahnen,
Wo getobt der Rothen Kampf;
Bunt von Wimpeln und von Fahnen,
Theilt sein Schiff den Strom durch Dampf.

Kahl und nüchtern jede Stätte!
Wo Manitto's hehrer Hauch
Durch des Urwalds Dickicht wehte,
Zieht der Hammerwerke Rauch.

Euer Wild wird ausgerottet,
Siech gemacht wird euer Leib,
Euer großer Geist verspottet,
Und geschändet euer Weib.

Bietet Trotz, ihr Tättowirten,
Eurer Feindin, der Cultur!
Knüpft die Stirnhaut von skalpirten
Weißen an des Gürtels Schnur!

Zürnend ihren Missionären
Aus den Händen schlagt das Buch;
Denn sie wollen euch bekehren,
Zahm, gesittet machen, klug!

Weh', zu spät! was hilft euch Säbel,
Tomahawk und Lanzenschaft? —
Alles glatt und fashionable!
Doch wo — Tiefe, Frische, Kraft?

Ammonium.

„Fremdling, laß deine Stute grasen,
O, zieh' nicht weiter diese Nacht!
Dies ist die grünste der Oasen;
Im gelben Sandmeer glänzt ihr Rasen,
Gleichwie inmitten von Topasen
Ein grüner, funkelnder Smaragd!"

Er sprach: „Gern will ich mich entgürten!"
Und nahm dem Pferde das Gebiß.
Er setzte sich zu seinen Wirthen;
Des Wüstengeiers Flügel schwirrten
An ihm vorüber nach den Syrten,
Zu ruhn in der Pentapolis.

Die Lieder und die Cymbeln klangen,
Die Mappe lag auf seinen Knien.
Die Rosse mit den blanken Stangen,
Die finstern Reiter mit den langen
Gewanden und den bärt'gen Wangen,
Die Zelte — fremd ergriff es ihn.

Mit farb'gen Stiften schuf er glühend
Ein Bildniß dieser Wüstenrast.
Die Dromedare lagen knieend
Am Quell; des Wirthes Töchter, blühend
Und schlank, bald nahend und bald fliehend,
Umtanzten singend ihren Gast:

„Fremdling, laß deine Stute grasen!
O, zieh' nicht weiter diese Nacht!
Dies ist die grünste der Oasen;
Im gelben Sandmeer glänzt ihr Rasen,
Gleichwie inmitten von Topasen
Ein grüner, funkelnder Smaragd!"

Die Steppe.

Fragment.

Sie dehnt sich aus von Meer zu Meere;
Wer sie durchritten hat, den graus't.
Sie liegt vor Gott in ihrer Leere,
Wie eine leere Bettlerfaust.
Die Ströme, die sie jach durchrinnen;
Die ausgefahrnen Gleise, drinnen
Des Colonisten Rad sich wand;
Die Spur, in der die Büffel traben: —
Das sind, vom Himmel selbst gegraben,
Die Furchen dieser Riesenhand.

Meine Stoffe.

Ihr sagt: „Was drückst du wiederum
Den Turban auf die schwarzen Haare?
Was hängst du wieder ernst und stumm
Im weidnen Korb am Dromedare?

Du hast so manchmal schon dein Zelt
In Ammons Flächen aufgeschlagen,
Daß es uns länger nicht gefällt,
Dir seine Pfähle nachzutragen.

Du wandelst, wie ein Mann, der träumt!
Sieh', weh'nder Sand füllt deinen Köcher;
Der Taumelmohn des Ostens schäumt
In deines Liebes goldnem Becher!

O, geuß ihn aus! — Dann aber späh'
Und lechz' umher mit regen Sinnen,
Ob keine Bronnen in der Näh',
Daraus du schöpfen mögest, rinnen!

Sei wach den Stimmen deiner Zeit!
Horch auf in deines Volkes Grenzen!
Die eigne Lust, das eigne Leid
Woll' uns in deinem Kelch kredenzen!

Laß tönend deiner Zähren Naß
An die metall'ne Wölbung klopfen,
Und über ihr verbluten laß
Dein Herz sich bis zum letzten Tropfen!

Wovon dein Kelch auch schäumt, mit Gier
Woll'n seine Gaben wir empfangen!
Mit durst'gen Lippen wollen wir
An seinen blut'gen Rändern hangen!

Nur heute noch den Orient
Vertausche mit des Abends Landen;
Die Sonne sticht, die Wüste brennt!
O, lasse nicht dein Lied versanden!"

O, könnt ich folgen eurem Rath!
Doch düster durch versenkte Halme
Wall' ich der Wüste dürren Pfad: —
Wächst in der Wüste nicht die Palme?

Löwenritt.

Wüstenkönig ist der Löwe; will er sein Gebiet durchfliegen,
Wandelt er nach der Lagune, in dem hohen Schilf zu liegen.
Wo Gazellen und Giraffen trinken, kauert er im Rohre;
Zitternd über dem Gewalt'gen rauscht das Laub der Sycomore.

Abends, wenn die hellen Feuer glühn im Hottentottenkraale,
Wenn des jähen Tafelberges bunte, wechselnde Signale
Nicht mehr glänzen, wenn der Kaffer einsam schweift durch die
    Karroo,
Wenn im Busch die Antilope schlummert, und am Strom das
    Gnu:

Sieh', dann schreitet majestätisch durch die Wüste die Giraffe,
Daß mit der Lagune trüben Fluten sie die heiße, schlaffe
Zunge kühle; lechzend eilt sie durch der Wüste nackte Strecken,
Knieend schlürft sie langen Halses aus dem schlammgefüllten
    Becken.

Plötzlich regt es sich im Rohre; mit Gebrüll auf ihren Nacken
Springt der Löwe; welch ein Reitpferd! sah man reichere
    Schabracken

In den Marstallkammern einer königlichen Hofburg liegen,
Als das bunte Fell des Renners, den der Thiere Fürst bestiegen?

In die Muskeln des Genickes schlägt er gierig seine Zähne;
Um den Bug des Riesenpferdes weht des Reiters gelbe Mähne.
Mit dem dumpfen Schrei des Schmerzes springt es auf und
         flieht gepeinigt;
Sieh', wie Schnelle des Kameeles es mit Pardelhaut vereinigt.

Sieh', die mondbestrahlte Fläche schlägt es mit den leichten Füßen!
Starr aus ihrer Höhlung treten seine Augen; rießelnd fließen
An dem braungefleckten Halse nieder schwarzen Blutes Tropfen,
Und das Herz des flücht'gen Thieres hört die stille Wüste klopfen.

Gleich der Wolke, deren Leuchten Israel im Lande Yemen
Führte, wie ein Geist der Wüste, wie ein fahler, luft'ger Schemen,
Eine sandgeformte Trombe in der Wüste sand'gem Meer,
Wirbelt eine gelbe Säule Sandes hinter ihnen her.

Ihrem Zuge folgt der Geier; krächzend schwirrt er durch die
         Lüfte;
Ihrer Spur folgt die Hyäne, die Entweiherin der Grüfte;
Folgt der Panther, der des Caplands Hürden räuberisch ver-
         heerte;
Blut und Schweiß bezeichnen ihres Königs grausenvolle Fährte.

Jagend auf lebend'gem Throne sehn sie den Gebieter sitzen,
Und mit scharfer Klaue seines Sitzes bunte Polster ritzen.
Rastlos, bis die Kraft ihr schwindet, muß ihn die Giraffe tragen;
Gegen einen solchen Reiter hilft kein Bäumen und kein Schlagen.

Taumelnd an der Wüste Saume stürzt sie hin, und röchelt leise.
Todt, bedeckt mit Staub und Schaume, wird das Roß des
Reiters Speise.
Ueber Madagaskar, fern im Osten, sieht man Frühlicht glänzen; —
So durchsprengt der Thiere König nächtlich seines Reiches Grenzen.

Gesicht des Reisenden.

Mitten in der Wüste war es, wo wir Nachts am Boden ruhten;
Meine Bedninen schliefen bei den abgezäumten Stuten.
In der Ferne lag das Mondlicht auf der Nilgebirge Jochen;
Rings im Flugsand umgekommner Dromedare weiße Knochen.

Schlaflos lag ich; statt des Pfühles diente mir mein leichter Sattel,
Dem ich unterschob den Beutel mit der dürren Frucht der Dattel;
Meinen Kaftan ausgebreitet hatt' ich über Brust und Füße;
Neben mir mein bloßer Säbel, mein Gewehr und meine Spieße.

Tiefe Stille, nur zuweilen knistert das gesunkne Feuer;
Nur zuweilen kreischt verspätet ein vom Horst verirrter Geier;
Nur zuweilen stampft im Schlafe eins der angebundnen Rosse;
Nur zuweilen fährt ein Reiter träumend nach dem Wurfgeschosse.

Da auf einmal bebt die Erde; auf den Mondschein folgen trüber
Dämm'rung Schatten; Wüstenthiere jagen aufgeschreckt vorüber.
Schnaubend bäumen sich die Pferde; unser Führer greift zur
Fahne;
Sie entsinkt ihm, und er murmelt: Herr, die Geisterkarawane! —

Ja, sie kommt! vor den Kameelen schweben die gespenst'schen
Treiber;
Ueppig in den hohen Sätteln lehnen schleierlose Weiber;
Neben ihnen wandeln Mädchen, Krüge tragend, wie Rebekka
Einst am Brunnen; Reiter folgen — sausend sprengen sie nach
Mekka.

Mehr noch! — nimmt der Zug kein Ende? — immer mehr!
wer kann sie zählen?
Weh', auch die zerstreuten Knochen werden wieder zu Kameelen,
Und der braune Sand, der wirbelnd sich erhebt in dunkeln
Massen,
Wandelt sich zu braunen Männern, die der Thiere Zügel fassen.

Denn dies ist die Nacht, wo Alle, die das Sandmeer schon
verschlungen,
Deren sturmverwehte Asche heut' vielleicht an unsern Zungen
Klebte, deren mürbe Schädel unsrer Rosse Huf zertreten,
Sich erheben und sich schaaren, in der heil'gen Stadt zu beten.

Immer mehr! — noch sind die Letzten nicht an uns vorbei-
gezogen,
Und schon kommen dort die Ersten schlaffen Zaums zurückgeflogen.
Von dem grünen Vorgebirge nach der Babelmandeb-Enge
Sausten sie, eh' noch mein Reitpferd lösen konnte seine Stränge.

Haltet aus, die Rosse schlagen! jeder Mann zu seinem Pferde!
Zittert nicht, wie vor dem Löwen die verirrte Widderheerde!
Laßt sie immer euch berühren mit den wallenden Talaren!
Rufet: Allah! — und vorüber ziehn sie mit den Dromedaren.

Harret, bis im Morgenwinde eure Turbanfedern flattern!
Morgenwind und Morgenröthe werden ihnen zu Bestattern.
Mit dem Tage wieder Asche werden diese nächt'gen Zieher! —
Seht, er dämmert schon! ermuth'gend grüßt ihn meines Thiers
Gewieher.

Unter den Palmen.

Mähnen flattern durch die Büsche; tief im Walde tobt der Kampf.
Hörst du aus dem Palmendickicht das Gebrüll und das Gestampf?
Steige mit mir auf den Teekbaum! Leise! daß des Köchers Klingen
Sie nicht aufschreckt! Sieh' den Tiger mit dem Leoparden ringen!

Um den Leichnam eines Weißen, den der Tiger überfiel,
Als er schlief auf dieses Abhangs scharlachfarb'gem Blumenpfühl,
Um den Fremden, seit drei Monden unsrer Zelte stillen Bürger,
Der nach Pflanzen ging und Käfern, streiten die gescheckten Würger.

Weh', kein Pfeil mehr kann ihn retten! schon geschlossen ist sein Aug'!
Roth sein Schlaf, gleichwie die Blume auf dem Fackeldistelstrauch!
Die Vertiefung auf dem Hügel, drin er liegt, gleicht einer Schale,
Voll von Blut, und seine Wange trägt des Tigers Tatzenmale.

Wehe! wie wird deine Mutter um dich klagen, weißer Mann! —
Geifernd fliegt der Leoparde den gereizten Tiger an;
Aber dessen linke Tatze ruht auf des Erwürgten Leibe,
Und die rechte hebt er drohend, daß den Gegner er vertreibe.

Siehe, welch ein Sprung! — der Springer hat des Todten
                                             Arm gefaßt;
Zerrend flieht er, doch der Andre läßt nicht von der blut'gen Last.
Ringend, ungestüm sich packend, stehn sie auf den Hinterpranken,
Aufrecht zwischen sich den starren, mit emporgerafften Blanken.

Da — o sieh', was über ihnen sich herabläßt aus dem Baum,
Grünlich schillernd, offnen Rachens, an den Zähnen gift'gen
                                               Schaum! —
Riesenschlange, keinen Einz'gen lässest du den Raub zerreißen!
Du umstrickst sie, du zermalmst sie — Tiger, Leoparden, Weißen!

ΟΔΥΣΣΕΥΣ.

März 1836.

Sei gegrüßt, o süblich Fahrzeug, sei gegrüßt mir hoch im Norden!
Bärt'ge Männer, fremd gekleidet, stehn auf deinen hohen Borden.

Und der Sprache, die sie reden, goldgeschriebne Zeichen melden
Ueber den Kajütenluken mir den Namen eines Helden:

Jenes Dulders, welchen lange Sturm und Götterzorn verschlugen,
Bis ihn im Fäakenschiffe heim zuletzt die Wogen trugen.

Bärt'ge Männer, schlanke Rudrer, seid denn ihr auch nicht
Fäaken?
Holz von Corfu dieser Mastbaum! Lein von Scheria dies Laken!

Dieses Segel sah von ferne Neritons belaubte Gipfel;
Rauschten, waldige Zakynthos, ihm nicht Fahrtwind deine Wipfel?

Sahen es, geschaart am Ufer, schimmern nicht die Lotofagen?
Wer, an diesen Mast gebunden, hörte die Sirenen klagen?

Klar in meiner Seele wieder läßt, was ich von jenem alten
Irrenden Odysseus hörte, dieser neue sich gestalten.

Doch nicht will ich in Homeros reiche Welt mich jetzt versenken,
Nicht des Dulders Fahrten folgen, oder etwa dies bedenken:

Wie, da längst der Griechen Schriftthum mir verschließt ein
                            dreifach Siegel,
Heut ein griechisch Wort ich wieder las — auf eines Schiffes
                            Spiegel:

Wie mir, ach! das Buch des Wissens dunkel blieb auf vielen
                            Blättern,
Aber wie das Buch des Lebens vor mir liegt mit farb'gen Lettern;

Dies, und was daran sich knüpfet, will ich jetzo nicht erwägen;
Denn die Brigg erschallt von Liedern, und die Flut von Ruder-
                            schlägen,

Die mir sagen: mache diesen Inselfürsten dir zum Boten!
Wohl, Odysseus, sei mein Bote! sei gesandt an einen Todten!

Aber such' ihn nicht, wie Jener, an des Schattenreiches Pforten!
Schrägen Masts vorübersause jenen schauerlichen Orten!

Wo Trinakrias Gestade sich erheben aus der Welle,
Dort, nicht fern von den Kyklopen, ist am Ufer eine Stelle.

Dort, von Blumen leis umflüstert und von immergrünen Zweigen
Wird ein frisches Grab, Odysseus, deinen Wimpeln bald sich zeigen!

Diesem — hört es, ihr im Tauwerk, braune trotzige Gesichter! —
Diesem gelten meine Grüße: in ihm ruht ein deutscher Dichter!

Ruht ein Dichter, dem, wie Wen'gen, Dichterfeu'r im Herzen brannte,
Wehe, daß, mit seinem Volke hadernd, er sich von ihm wandte!

Weh' — doch nein, in deinem Grabe schlummre jetzo du in Frieden!
Seiner Muse letzte Boten, seid ihm Wächter, Abbassiden!

Und in's Klirren eurer Schwerter, Abbas kriegerische Söhne,
Lasset Theokrits Hirten mischen ihrer Flöten Töne!

Daß er süß und ruhig schlummre, dem dies frühe Grab geworden!
Dieses ferne! Tief im Süden schwieg, deß Lied erfüllt den Norden.

Laute Trauer bei der Botschaft hat das deutsche Land durchzittert.
Einer Aeolsharfe glich es, die ein Windstoß jäh erschüttert.

Und wie sonst auch man gerichtet, Alles jetzt weich diesem Einen:
Seinem Irren zu vergeben, sein Verstummen zu beweinen.

Wüßt' er es! und, o vernähm' er über's Meer auch meine
Klagen!
Fangt sie auf, ihr schwell'gen Segel, gen Sicilien sie zu tragen!

Dort am Ufer laßt sie tönen; meldet euch mit leisem Rauschen!
Der Verbannte dem Verbannten; gern wird Euch der Todte
lauschen!

Bläht euch denn! mir aber meldet, wenn ihr kehrt, vom West
gekräuselt,
Ob, als ew'ge Kron', ein Lorbeer über diesem Grabe säuselt!

Eil', Odysseus! Aufgewunden deine Anker! frisch von hinnen!
Fliege, bis du schimmern siehest Syracusas goldne Zinnen!

Drei Strophen.

Vernehmt ein wildes, kurzes Lied! Im Raume vor der Sonne
  steht
Ein Cherub; schweigend staunt er an das All; sein Schweigen
  ist Gebet.
Die ew'ge Sonn' ist sein Altar; ihr Glühn ist Opferflammengold!
Die Sterne sind der Rosenkranz, der durch die Hand des Engels
  rollt.

Wie aus der Hand des betenden Rechtgläub'gen die Koralle fällt,
So fällt aus dieses Cherubs Hand in's Bodenlose Welt auf Welt.
Sie rollen seit Jahrtausenden auf ihrer diamantnen Schnur:
Die fliegenden Korallen sind's vom Uranus bis zum Merkur.

Wie sich der ew'gen Lampe Schein in Rosenkranzkorallen bricht,
So strahlt der Weltkorallenkranz in des Altars, der Sonne, Licht;
Bis, Hütens und Gebetes satt, der ernste Cherub sich empört:
Weit von sich schleudert er den Kranz; der Sonnentempel ist
  zerstört.

Leviathan.

> Du zertrennest das Meer durch deine Kraft, und zerbrichst die Köpfe der Drachen im Wasser.
> Du zerschlägest die Köpfe der Wallfische, und giebst sie zur Speise dem Volk in der Einöde.
>
> Psalm 74.

An einem Tag im frühen Herbst ging ich entlang den Meeres-
      strand,
Das Haupt entblößt, den Blick gesenkt, die Lieder Davids in
      der Hand.
Die See ging hoch, die Brandung schwoll, der frische Wind aus
      Osten pfiff,
Am Horizont nach Westen flog mit weißem Segelwerk ein Schiff.

Und als ich in dem Liederbuch des Königs über Israel,
Bald um mich schauend, blätternd bald, gekommen war bis an
      die Stell',
Die über diesem Lied ihr les't, da naheten dem öden Strand,
Die grauen Segel eingerefft, drei Fischerboote, wohl bemannt.

Und hinter ihnen, aus der Fluth, der weißen, lauchend schwärz-
      lichgrau,
Schwamm riesengroß ein Ungethüm; sie schleppten es an einem
      Tau.

Die Brandung grollt; laut kracht der Mast, den Anker wirft
 der Harpunier —
Am Ufer auf dem Trocknen ruhn die Fischerboote sammt dem
 Thier!

Und jetzt in Zügen auf den Ruf der Gatten und der Brüder naht
Der Oede Volk, das jubelnde, aus seinen Hütten am Gestad.
Sie sehn den Sohn des Oceans, den Leib vom Eisen aufgeschlitzt:
Zerschmettert sehen sie das Haupt, das fortan keine Strahlen
 spritzt.

Vor wenig Jahren erst gebar den Triefenden der kalte Pol;
Ein Neuling noch, verirrt er sich zu dieser seichten Küste wohl.
Untief' und Bank versperrten ihm den Rückweg in das hohe
 Meer;
Des jungen Riesen Kopf zerbrach der Herr durch eines Fischers
 Speer. —

Und jene tanzten jauchzend um den Blutenden; mir aber war,
Als glotzt' er halbgeschloßnen Augs verächtlich auf die rohe
 Schaar.
Mir war, als rauschte zürnend mir sein purpurroth verrieselnd
 Blut;
Als murr't er röchelnd in den Sturm: „O miserable Menschen=
 brut!

O Zwerge, die den Riesen ihr bezwungen habt durch schnöde List!
O Zappler auf dem Trocknen ihr, die mein Gebiet ihr meiden müßt!
Schwächlinge, die das Meer ihr nur in hohlem Boot befahren könnt,
Dem jämmerlichen Schalthier gleich, das nie sich von der Muschel trennt!

O kahler Strand, o nüchterner, o kahl und nüchtern Treiben drauf!
O nüchtern Volk! wie beben sie, da sie vernahmen mein Geschnauf!
Wie trostlos auf der Dün' ihr Dorf mit seinen dumpfen Hütten steht!
Und — bist du besser denn, als sie, der du mich sterben siehst, Poet?

Ich wollt', ich wäre, wo das Meer, und wo die Welt ein Ende nimmt!
Wo krachend in der Finsterniß der Eispalast des Winters schwimmt.
Ich wollt', ein Schwertfisch wetzte dort am Eis sein Schwert und stieße mir
Das jäh gezuckte durch die Brust; so stürb' ich wenigstens nicht hier!"

Es war ein Tag im frühen Herbst; die See ging hoch, der
Ostwind pfiff.
Am Horizont nach Westen flog mit weißem Segelwerk ein Schiff.
Ich aber wandte meinen Schritt; ich warf mich nieder auf die
Dün'.
Der Herr zerbrach des Wallfischs Haupt, und gab dem Volk
der Oede ihn.

Mirage.

Mein Auge mustert unruhvoll des Hafens wimpelreich Revier,
Doch deines richtet lächelnd sich auf meines Hutes Federzier:
„Von deinen Wüsten hör' ich gern in einer meerumrauschten Jacht;
Ein Bild aus dem Gebiete drum, das diesen Schmuck hervor-
gebracht!"

Wohlan, ich lege meine Stirn in's Hohle meiner rechten Hand!
Die Wimper fällt, die Schläfe fliegt — sieh' da, der Oede
glühn'der Sand!
Die Lagerplätze grüßen dich des Volks, dem ich entsprossen bin;
In ihrer brand'gen Wittwentracht tritt die Sahara vor dich hin.

Wer trabte durch das Löwenland? von Klau'n und Hufen zeugt
der Kies.
Tombuktu's Karavanenzug! — am Horizonte blitzt der Spieß!
Die Banner wehn, im Staube schwimmt des Emirs purpurn
Ehrenkleid,
Und des Kameeles Haupt entragt dem Knäul mit ernster Statt-
lichkeit.

Sie reiten im gedrängten Troß, wo sich vermengen Staub und Luft;
Sieh' da, verschlungen hat sie schon der Ferne schwefelfarbner Duft!
Allein verfolgen ohne Müh' kannst du der Flücht'gen breite Spur:
Was sie verloren, Mal an Mal durchschimmert es die Körnerflur.

Das erste — wie zum Meilenstein daliegt's: ein todtes Dromedar!
Auf dem Gestürzten, federlos die Hälse, sitzt ein Geierpaar;
Sie ziehn das lang entbehrte Mahl dem prächt'gen Turban drüben vor,
Den in des Rittes wilder Hast ein junger Araber verlor.

Und nun: Schabrackenstoff umfliegt der Tamariske dorn'gen Strauch;
Daneben, staubig und geleert, ein jäh geborstner Wasserschlauch; —
Wer ist es, der den klaffenden wahnsinn'gen Blicks mit Füßen tritt?
Es ist der dunkelhaar'ge Scheik des Landes Biledulgerid.

Die Nachhut schließend, fiel sein Roß; er blieb zurück, er ward versprengt.
Verlechzend hat sein Lieblingsweib an seinen Gürtel sich gehängt.
Wie blitzte jüngst ihr Auge noch, als er sie vor sich hob auf's Pferd!
Nun schleift er durch die Wüste sie, wie man am Gurte schleift ein Schwert.

Der heiße Sand, den Nächtens nur der zott'ge Schweif des
                        Löwen schlägt,
Er wird vom flutenden Gelock der Regungslosen nun gefegt!
Er fängt sich in der Haare Schwall, er sengt der Lippe würz-
                        gen Thau;
Mit seinen Kieseln röthet er die Knöchel der erschöpften Frau.

Und auch der Emir wankt; — das Blut in seinen Pulsen quillt
                        und kocht,
Sein Auge strotzt, und seiner Stirn blau schimmerndes Geäder pocht.
Mit einem letzten brennenden Kuß erwedt er die Fezzanerin,
Und plötzlich dann mit wildem Fluch in's Unwirthbare stürzt er hin.

Sie aber sieht sich wundernd um. — Ha, was ist das? —
                        „Du schläfst, Gemahl?
Der Himmel, der von Erze schien — sieh' da, er kleidet sich
                        in Stahl!
Wo blieb der Wüste lodernd Gelb? — wohin ich schaue, blen-
                        dend Licht!
Es ist ein Schimmern, wie des Meers, das sich an Algiers
                        Küste bricht!

Es blitzt und brandet wie ein Strom; es leckt herüber feucht
                        und kühl!
Ein riesger Spiegel funkelt es; — wach' auf, es ist vielleicht
                        der Nil!

Doch nein, wir zogen südwärts ja; — so ist es wohl der Senegal?
Wie, oder wär' es gar das Meer mit seiner Wasser sprüh'ndem
Schwall?
Gleichviel! 's ist Wasser ja! Wach' auf! Am Boden schon liegt
mein Gewand.
Wach' auf, o Herr, und laß uns ziehn, und löschen unsrer
Leiber Brand!
Ein frischer Trunk, ein stärkend Bad, und uns durchsiebet neue
Kraft!
Die Veste drüben, hochgethürmt, beschließe bald die Wanderschaft!

Um ihre grauen Thore fliegt scharlachner Fahnen trotzig Wehn;
Von Lanzen starrt ihr scharf'ger Rand, und ihre Mitte von
Moskeen;
Auf ihrer Rhede tummelt sich hochmast'ger Schiffe stolze Reih',
Und jene Pilger füllen ihr Bazar und Karavanserai.

Geliebter, meine Zunge lechzt! wach' auf, schon naht die Däm-
merung!" —
Noch einmal hob er seinen Blick; dann sagt er dumpf: „die
Spiegelung!
Ein Blendwerk, ärger als der Smum! bösart'ger Geister Zeit-
vertreib" —
Er schwieg — das Meteor verschwand — auf seine Leiche sank
das Weib!

Im Hafen von Venedig so von seiner Heimath sprach der Mohr;
Des Feldherrn Rede strömte süß in Desdemonens gieriq Ohr.
Auffuhr sie, als das Fahrzeug nun an's Ufer stieß mit jähem
Stoß —
Er führte schweigend zum Palast das einz'ge Kind Brabantio's,

Die Schiffe.

In der Lenznacht an dem Hafen bin ich auf- und abgegangen;
Träumend flüsterten die Segel an den schwarzen Segelstangen.
Schlummernd lagen die Korvetten, schlummernd lagen die Fregatten,
Bugspriet nur und Fockmast hört' ich sich besprechen noch im Schatten.

Und in ihre leisen Reden scholl das Murmeln der Figuren.
Seht ihr sie? — vorn auf den Schiffen! — Thetis und die Dioskuren!
Robin Hood, und o der Paarung! — lächelnd neben ihm Frau Venus!
Dort im Lotoskranz der Indus, und im Schilfkranz hier der Rhenus!

Götter waren's und Heroen! schlanke Weiber, bärt'ge Greise!
(Jedes Schiff hat seinen Namen, und es ist der Schiffer Weise,
Daß das Bildniß des Erlauchten, der des Fahrzeugs Hort und Pathe,
Wohlgemeißelt, unterm Bugspriet sie befestigen zum Staate.)

Dies die Rufer, deren Stimmen jetzo, wo die Kiele schliefen,
Durch das Dämmerlicht der Mainacht leise sich bei Namen riefen;
Lauschend sprang empor die Welle, so der Murmler Fuß benetzte,
Und auf eines Ankers Trümmer war's, daß lauschend ich mich setzte.

Neptun.

Siehst du das Blut, o Rhein,
Das meine Füße röthel?
Vom Opfer ist's, das ein
Aethiope mir getödtet!

Es war in Afrika;
Wir lagen vor der Brandung.
Kein nordisch Auge sah
Den Ort vor unsrer Landung.

Es war beim Fliehn der Nacht;
Laut ward's in der Schebecke,
Der Morgenruf der Wacht
Erscholl auf dem Verdecke.

Des Zebra's bunte Zucht
Erging sich am Gestade;
Das Quagga schritt zur Bucht,
Daß es die Schenkel bade.

Da kam vom Bergeshang
Ein Greis, ein Aethiope;
Zu seiner Rechten sprang
Die zahme Antilope.

Durchbohrt von seinem Speer
Sah ich alsbald sie fallen;
Er sagte: „Laß, o Meer,
Mein Opfer dir gefallen!"

Das Blut rann auf den Sand,
Die Flut hat es verschlungen,
Und ist zu meinem Stand
Damit emporgesprungen.

Wie lang ich auch den Ort
Seitdem verlassen habe,
Doch spülte sie nicht fort
Des Schwarzen Scharlachgabe.

Den ganzen Winter schnob
Der Nord durch meine Stengen.
Wann wird der Aethiop
Auf's Neue Blut mir sprengen?

Bassiu.

Ein purpurn Opfer, bald schon wohl
Wird rauchend über'n Sand es rollen,
Wenn irgend eine Bucht am Pol
Mich eineis't mit gewalt'gen Schollen.

Ein rauh Gebiet! die See voll Eis!
Gefrorner Schnee das Kleid der Erde!
Gesenkt die Schaufeln des Geweih's,
Gräbt sich ihr Mahl die Rennthierheerde.

Und sieh'! aus eines Rennthiers Haut
Hat am Gestade sich der Lappe
Ein kegelförmig Haus gebaut,
Bedeckt mit weißer Flockenlappe.

Draus wandelt er mit festem Schritt,
Und wählt ein Thier sich ohne Fehle.
Er läßt es knien; — ein rascher Schnitt —
Ein Blutstrahl siedet aus der Kehle.

Er wühlt sich zischend in den Schnee,
Und bahnt sich dunkelrothe Gleise;
Doch nicht gelangt er bis zur See;
Kalt weht der Nord — er wird zu Eise.

Rhenus.

Nicht von Guinea bin ich kommen,
Nicht nach dem Eismeer steht mein Sinn.
Den deutschen Strom herabgeschwommen
Nur komm' ich, dessen Bild ich bin.

Nicht, wenn im Flusse man sich spiegeln
Die Traube sieht, vom Herbst gebräunt,
Es war die Zeit, wenn auf den Hügeln
Der Rebstock seine Zähren weint.

Der Lenz durchschritt den weiten Garten,
Den Gott gepflanzt am Rheinesstrand;
Er schaute lächelnd von den Warten
Der grauen Burgen durch das Land.

Vorüber flogen Römerpforte,
Vorüber Burg, Abtei und Dom;
Versunkne Waffen, goldne Horte
Erglänzten funkelnd tief im Strom.

O, welch ein Fahren, welch ein Schwimmen!
In's Flutgebraus die Lurlei sang.
Am Ufer scholl von freud'gen Stimmen
Ein Lied: „Es klingt ein heller Klang!"

Mit meinen Reden, meinen Sagen
In eurem bunten Kreise hier,
Vom Innern an das Meer getragen,
Wie fremd, wie fremd erschein' ich mir!

The Arab.

Laß brausen deiner Sagen Quell!
O, laß mich hören dein Gedicht!
Hier stört das heis're Nachtgebell
Des Schakals den Erzähler nicht!

Komm, laß uns üben freud'gen Tausch!
Wenn deine Quelle mich geletzt,
Dann will ich, daß in glüh'nden Rausch
Scheherezade dich versetzt!

So tauschten, als das Abendland
Vordem in blanker Waffen Schmuck
Gen Morgen zog, beim Stilleftand
Der Waffen, Ritter und Seldschuk.

Sie lagen an des Wachtfeu'rs Glut;
Im bunten Turban hier der Schech,
Der Ritter dort im Eisenhut
Und in des Panzers güldnem Blech.

264

Der laue Wind der Wüste fährt
Durch Beider schwarz und gelb Gelock;
Das Wüstenroß, des Rheines Pferd
Stehn friedlich an demselben Pflock.

Und die noch gestern feindlich Bahn
Sich hieben in des Kampfes Reih'n,
Das Kreuzschwert und der Ataghan,
Sie liegen heut' auf Einem Stein.

Die Lanze lehnt sich an den Speer —
So kürzten denen auf der Wacht
Arabisch Mährchen, deutsche Mähr
Die Eine kurze Friedensnacht.

Des Deutschen Sage war dem Licht
Des Mondes dieser Mainacht gleich;
Des Emirs einem Truggesicht
Der Wüste, blendend, schimmerreich.

Gladiator.

Und wem die meine? — Dieses Schiff
Das zweite schon, auf dem ich fahre.
Im Südmeer ein Korallenriff
Ward vorig Jahr des ersten Bahre.

Ein Fahrzeug von Archangels Werft
Schwamm dort zur Seite mir, die Lena;
Doch nur für mich fand ich geschärft
Den Klippendolch der Schaumarena.

Sie ließ er ziehen ihren Lauf,
Und eine Palmenbucht erreichen;
Mir aber riß er meuchlings auf
Des Bauchs metallbeschlagne Eichen.

Arg haus't im Takelwerk der Sturm;
Das Steuer dröhnt, die Masten schwanken.
Der Fechter krümmt sich wie ein Wurm —
Jäh berstend lösen sich die Planken.

Und untergeht in weißer Furch',
Was gestern froh noch Flaggen hißte.
Des Schiffes Bild nur schlägt sich durch,
Gespült von seinem Schaugerüste.

Frisch kämpf' ich mit der Wellen Schwarm, —
Gern muß der Gladiator ringen! —
Da plötzlich einen weichen Arm
Fühl' ich erzitternd mich umschlingen.

Bleich aus der Schwärze nassen Haars
Schaut mich ein Antlitz an mit Zagen.
Des Schiffers holde Tochter war's; —
Halt' fest! sei stark! ich will dich tragen!

Und fest verkrampft sich Hand in Hand;
Drei Tage lang trag' ich die Bleiche,
Am vierten endlich seh' ich Land,
Doch seh' ich's nur für eine Leiche.

Die Brandung wirft uns an's Gestad,
Allwo, die Schwester zu empfahen,
Durch's Palmenholz auf blum'gem Pfad
Des Eilands schlanke Töchter nahen.

Leis rauscht das Meer, die Taube girrt;
Sie haben weinend sie bestattet.
Von einem alten Brodbaum wird
Des fremden Mädchens Gruft beschattet. —

Die Lena lag am Ufer schon,
Ganz, nur ihr Bild des Sturmes Beute!
Ich ziere jetzt ihr Gallion,
Und sehne ruh'los mich in's Weite!

Indiane.

Und ich im Wasser spiegle mein Gesicht
Und meines Haares dunkelbraune Stränge,
Zu schau'n, ob Flammen meiner Stirne nicht
Versengt der Federn feuerroth Gepränge.

Mandarin.

Und ich auch spiegle tief mich in der Flut,
In der sich spiegeln Segel, Raa'n und Masten,
Auf daß ich seh', ob unversehrt von Glut
Mein gelb Gewand und meiner Mütze Quasten.

Indianer.

Denn als ich jüngst von deinem Hafen schied,
O Stadt Newyork, da standest du in Flammen;
Von Funken ward die schwarze Nacht durchsprüht,
Ein Glutmeer war's, in dem wir Schiffe schwammen.

Mandarin.

Denn als ich jüngst, o Canton, dich verließ,
Da branntest du, da schnobst du Rauch und Funken;
Erschreckt von deinen glüh'nden Ufern stieß
Die bunte Menge deiner tausend Junken.

Indianer.

Wohl ist ein Waldbrand grimm und fürchterlich,
Wenn er scalpirt der Berge laub'ge Stirnen;
Nichts hält ihn auf; er wälzt durch Ströme sich,
Verkohlt den Wald, verglas't der Felswand Firnen.

Mandarin.

Und, beim Confuz, ein Schauspiel, groß und hehr,
Gewährt dem Aug' die Feier der Laternen.
Da wird die Stadt zu einem Strahlenmeer,
Die Straßen sind Jantsekiangs von Sternen.

Indianer.

Doch mehr als Waldbrand war in jener Nacht
Der Brand Newyorks: die höchsten Dächer schürzen
Mit Flammen sich, Gewölb' und Giebel kracht,
Die Häuser taumeln und die Thürme stürzen.

Mandarin.

Und welch' Laternenfest an Glanze kam,
Dem Brande gleich der dreizehn Handelshäuser?*
Als er durch Boten das Gerücht vernahm,
Zerriß zu Peking sein Gewand der Kaiser.

* Das Europäische Viertel Cantons.

Indianer.

Als meinen farb'gen Federkranz bestaubt
Die weh'nde Asche, zog ich fort in Trauer.

Mandarin.

Und Cantons Asche streuten auf ihr Haupt
Die Wächter auf der großen Mauer.

An dem Hafen in der Mainacht bin ich auf- und abgegangen,
Bis des Morgens frischer Odem kühlte meine heißen Wangen.
Rings auf den Verdecken hört' ich fremder Vögel Frühlied schallen,
Aus dem Garten über'm Wasser scholl das Lied der Nachtigallen.

Der ausgewanderte Dichter.//
Bruchstücke eines unvollendeten Coklus.

Die Tanne fäll' ich, drauf die Adler horsten;
Sie kracht zu Boden, Schnee vom Haupte schüttelnd.
Ich wohne fürder einsam in den Forsten,
Die Menschen fliehend und die Föhren rüttelnd.

Ich habe nicht, da ich mein Haupt hinlege;
Von keinem Heerde bin ich dort geschieden.
Mein erstes Haus mit Hammer und mit Säge,
Bau' ich mir selber bei den Atlantiden,

Kunstlos und rauh; — vom Felsen reiß ich Farren
Und ander Kraut, daß ich die Fugen stopfe;
Die moos'ge Rinde laß ich an den Sparren;
Dumpf durch die Schlucht dröhnt meiner Axt Geklopfe.

Ein leises Wehn spielt mit den dürren Blättern —
Geist dieser Wälder, sei mit meiner Hütte,
Daß sie Orkan und Blitze nicht zerschmettern,
Daß sie der Schnee des Berges nicht verschütte!

Daß ihr Gebälk kein feindlich Beil zerhaue,
Daß lange Zeit die Sonn' ihr Dach vergülde,
Daß sie nicht gleich sei dieser Spur der Klaue
Des Elennthieres auf dem Schneegefilde!

In einer solchen Werkstatt ist gut zimmern.
Die Waldung funkelt in des Morgens Glanze,
Die Büsche blitzen und die Zweige schimmern,
Und jede Taun' ist eine starre Lanze.

Mit tief'gem Nacken an den Himmel stemmen
Die Berge sich; still, doch belebt die Auen.
Am Strome drüben, auf den schnee'gen Dämmen,
Seh' ich den Biber seine Hütten bauen.

Fern aus dem Dickicht ragt's gleich Renngeweihen;
Der Bison bückt sich, daß den Schnee er lecke;
Das Birkhuhn schwirrt, und von der Hinde scheuen
Fußtritten knarrt des Bodens Flockendecke.

Der bunte Luchs tritt dreist aus seiner Höhle,
Der Trab des Elenns donnert durch die Föhren.
Ein neues Lied geht auf in meiner Seele:
Ich dicht' es hämmernd — doch wer wird es hören?

Hinaus, hinaus! der Frühling ist gekommen,
Der Schnee des Winters rieselt von den Kuppen,
Der Alligator ist an's Land geschwommen,
Und sonnt am Ufer seine grünen Schuppen.

Die Fische springen und die Vögel schlagen;
Die Knospen bersten und die Kräuter schießen;
Die Wipfel all, auf denen Tauben klagen,
Streu'n ihre Blüthen flüsternd mir zu Füßen.

Die Hirsche wandeln thalwärts mit den Kühen;
Die Auerhähne schütteln ihre Kämme;
Mit ihrem Hofstaat durch die Büsche ziehen
Die Königinnen wilder Bienenstämme.

Wird mir auch Honig von den Bäumen träufen?
Frisch in den Wald! umduftet mich, ihr Ranken,
Und letzet mich! — Ein Weisel will ich schweifen;
Umschwärmt von meinem Hofstaat, den Gedanken.

Oft wandl' ich Abends auf die steilsten Höhen,
Einsam mit meiner Lieb' und meinem Grimme,
Zu meinen Füßen die gewalt'gen Seen —
Und dann erheb' ich meine tiefe Stimme.

Die werthen Lieder aus den alten Tagen,
Die ich mit Freunden hundertmal gesungen,
In diese Wälder hab' ich sie getragen,
Drin nie zuvor ein deutsches Lied geklungen.

Wie zitterte, darauf ich lag, der Gipfel,
Wie gab mir jener froh mein Singen wieder,
Wie flüsterten der alten Bäume Wipfel,
Als sie vernahmen Ludwig Uhlands Lieder!

Wie stutzten und hoben ihre Hörner
Die Hirsch' im Thal, als auf den Bergen oben
Ich Lieder drauf von Kerner und von Körner,
Von Schwab und Arndt und Schenkendorf erhoben!

O, schmerzlich wohl klang manches mir, dem Wandrer!
Hier Heimathlieder! — Dennoch, als sie klangen,
Stand ich ein Orpheus — mit den Liedern Andrer!
Zwar Steine nicht, doch tanzten wilde Schlangen.

Ich lag heut' Nacht in süßen, stillen Träumen
Von meiner Heimath und von meinen Lieben.
Ich wandelte bei meiner Kindheit Bäumen,
Wo wohl ich wünschte, daß sie mich begrüben.

Der Todten und der Lebenden Gestalten,
Sie traten vor mich. „O, daß Keiner zürne,
Daß ich ihn ließ!" — Da jäh von einer kalten
Hand fühlt' ich leis berühret meine Stirne.

Ich fuhr empor; es war mein Jagdgefährte:
„Du schliefst wohl tief, daß gar nichts du vernommen!
Komm! denn wir sind den Bisons auf der Fährte,
Und durch den Winipeg sind sie geschwommen."

Im bleichen Osten fing es an zu tagen;
Das Stromthal dampfte, eine Nebelkufe.
Wir ritten aus, das Elennthier zu jagen;
Die Waldung scholl vom Dröhnen unsrer Hufe.

Bald auch gefunden hatten wir die Heerde;
Sie barst durch's Laub, von jäher Furcht ergriffen.
Wir machten Halt, wir zügelten die Pferde,
Wir legten an, und zwanzig Kugeln pfiffen.

Doch keines Hornes schaufelförm'ge Krone
Versank, getroffen, in des Truppes Welle;
Sie schüttelte den Nacken, wie zum Hohne,
Und stürmte fort, verdoppelnd ihre Schnelle.

Im Blättermeere war sie bald verschwunden;
Allein des Grases blut'ger Thau bewährte,
Daß Eine Kugel doch ihr Ziel gefunden,
Drum ging es hitzig weiter auf der Fährte.

Wir folgten ihr auf offnen Waldespfaden;
Dann aber plötzlich theilte sich die Frische;
Zum Strome, blutlos, ging der eine Faden,
Der andre, blutig, schlug sich in die Büsche.

Ein einzig Thier nur war hier abgegangen.
Der Führer sann, und sagte drauf den Leuten:
„Folgt ihr der Hauptspur durch das Thal der Schlangen,
Ich will mit diesem auf der Blutspur reiten."

Und so geschah es; — mit einander spornen
Die Rosse wir seitabwärts nach den Gründen;
Geknickte Gräser, blutgefärbte Dornen
Sind uns genug, die rechte Bahn zu finden.

Er sprach indeß: „Empfängt das Elenn Wunden,
Und fühlt es nahn den Tod in seiner Herbe,
Dann flieht es scheu die Heerde der Gesunden,
Und birgt im Forst sich, daß es einsam sterbe.

In abgelegnen, laubverhüllten Schluchten,
Auf einer dunklen, moosbewachs'nen Stätte,
Die Felsenstilde jäh und wild umbuchten,
Da sucht es blutend sich ein Sterbebette.

Siehst du den Geier über jenen Tannen?
Auf unser Wild bald senkt er das Gefieder;
Es lüstet ihn das Elenn der Savannen —
Dort, sollst du sehen, stürzt es leblos nieder."

Und wahr erwies sich, was er kaum gesprochen;
Wir fanden's liegen, knochig, starkgelendet,
Die braunen Augen glanzlos und gebrochen —
Fern seinen Brüdern war es hier verendet.

In diese Wildniß, die kein Beil gelichtet,
Die nie durchzuckt der Sonne mildes Lächeln,
In diese Wildniß hatt' es sich geflüchtet;
Sie nur vernahm des Elennthieres Röcheln.

Der Führer jetzo ließ zu dreien Malen
Durch die Gebüsche seinen Jagdruf tönen; —
Ich dachte schmerzlich meiner eignen Qualen:
Hier starb das Thier — hier rinnen meine Thränen!

Ich bin nun lange drüben wohl vergessen;
Wer jetzt noch lauschte meinen ersten Klängen?
Ich wäge sinnend meine Wehr, indessen
Gewappnet Andre in die Rennbahn sprengen.

Im Geist erblick' ich ihrer Rosse Bäumen
Und ihrer Helme Federbuschgezitter;
Es rasselt mich aus meinen tiefsten Träumen
Der Klang des Schwertes, das sie schlägt zum Ritter.

Nehmt hin den Dank! — ich hab' ihn abgeschworen! —
Und doch — beim Blitzen eurer Harnischzierde
Und beim Erklirren eurer goldnen Sporen
Erwacht in mir die alte Kampfbegierde.

Denn nicht verrosten ließ ich meine Waffen;
Ich weiß sie rüst'ger, als vordem, zu schwingen.
Noch einmal möcht' ich mich zusammenraffen,
Und auf dem alten Tummelplatze ringen.

Mein Schwert geschliffen hab' ich in der Oede;
Bewehrt mit Liedern, ballt sich meine Rechte;
Ich bin bereit zu einer Geistesfehde —
Wie, wenn ein Schiffer mein Cartel euch brächte?

Wohlan! zum Wettstreit meine Lenden gürt' ich;
Ihr, in den Schranken, prüfet meine Wehre!
Sprecht zu den Rittern: „er ist ebenbürtig;
Sein Tomahawk ist würdig eurer Speere!"

———

Und als wir watend durch die Furt nun setzten,
Voran den Führer, den vorsicht'gen Schreiter,
Da spornte jenseits einen schaumbenetzten,
Langmähn'gen Rappen ein Savannenreiter.

Gedrungne Formen, Glieder wie von Erze,
Lichtblaues Jagdhemd mit scharlachner Franze,
Buntfarb'ges Tüchlein um des Haares Schwärze —
So kam er näher mit gefällter Lanze.

Im Flug nur, schien es, wollt er uns betrachten;
Umsonst hinüber sandt' ich Ruf und Zeichen.
Er sah mich winken, ohne drauf zu achten,
Wandte sein Roß, und trat es in die Weichen;

Flog dann hinan des Ufers jähe Treppe,
Daß Kies und Mergel drau herunter klirrten.
Es war ein Creek, ein Beduin der Steppe; —
Glück zu! noch heute wirst du dich entgürten!

Dann wird dein Weib bir deine Kinder bringen;
Sie streicheln furchtlos deines Thieres Mähne;
Die Buben sagen: „Vater laß es springen!"
Und ziehn ihm dreist den Knebel durch die Zähne.

Du aber wirst an deinen Herd dich setzen,
Und deine Gattin mit der Ferne Bildern
Und mit den Wundern deiner Züge letzen,
Vielleicht die Jäger auch im Strome schildern,

Die jetzt erreichen triefend das Gestade: —
Sieh' da die Grasbahn, die dein Roß gegangen!
Wohl find' ich Hütten, folg' ich diesem Pfade —
Doch, ach! wie dich wird keine mich empfangen!

Ich sonne mich im letzten Abendstrahle,
Und leise säuselt über mir die Rüster.
Du jetzt, mein Leben, wandelst wohl im Saale,
Der Teppich rauscht, und strahlend flammt der Lustre.

Und Alles naht sich, feiernd dich zu grüßen,
Und Alles huldigt deiner milden Schöne;
Sie legen Alles, Herrin, dir zu Füßen,
Auf daß dein Lächeln diesen Abend kröne.

O, laß es bringen auch in diese Wildniß;
Send' es herüber taufende von Meilen!
Vor meine Seele treten laß dein Bildniß;
Zuckt auch mein Herz; — es wird ja doch nicht heilen!

So in des Kreises atheurlofer Stille
Mit deiner Harfe saßest du vor Zeiten!
Das ist dein Auge! — deiner Locken Fülle
Ergießt sich dunkel auf die lichten Saiten!

Das ist ein Singen! durch die prächt'gen Räume
Glühend und innig fluten meine Lieder! —
Im Abendwinde schütteln sich die Bäume;
Schwarz auf den Urwald senkt die Nacht sich nieder.

Allein, allein! — und so will ich genesen?
Allein, allein! — und das der Wildniß Segen?
Allein, allein! — o Gott, ein einzig Wesen,
Um dieses Haupt an seine Brust zu legen!

In meinem Dünkel hab' ich mich vermessen:
„Ich will sie meiden, die mein Treiben schelten.
Mir selbst genug, will ich dies Volk vergessen;
Fahr' hin, o Welt — im Herzen trag' ich Welten!"

Ein einzig Jahr hat meinen Stolz gebrochen;
Mein Herz ist einsam und mein Aug' ist trübe.
Es reuet mich, was frevelnd ich gesprochen;
Dem Haß entfloh ich, aber auch der Liebe.

Allein, allein! — und so will ich genesen?
Allein, allein! und das der Wildniß Segen?
Allein, allein! o Gott, ein einzig Wesen,
Um dieses Haupt an seine Brust zu legen!

Die Indianer sitzen um die Flamme,
Und schüren düster sie, schweigsame Schüler.
Da plötzlich, wohl der Aelteste vom Stamme —
Spricht zu den Andern also Einer ihrer:

„In Frieden ruh' er, den wir heut begruben
Dort, wo den Urwald säumet die Savannah!
Nie einem Weißen, diesem gleich, erhuben
Ein Mal vom Lorenz wir zum Susquehannah!

Er war nicht, wie die Andern seiner Farbe;
Drum zu den Rothen hat er sich geschlagen.
In unsern dunkeln Reihn glich er der Garbe
Des Maiskorns, die zu Tannen man getragen.

Was mocht' ihm sein? — mit seinen Jagdgeräthen
Stand oft er sinnend unter einem Baume,
Und hört' er rufend in das Holz uns treten,
So fuhr er auf, und folgt' uns wie im Traume.

Auch stand er einsam wohl am Strome borten;
Oft durch die Büsche sahn ihn die Genossen:
Dann war es, daß in fremder Sprache Worten
Ihm lange Reden von den Lippen flossen.

Der Worte keines haben wir verstanden,
Doch hörten gerne wir der Worte Schallen.
Es war ein Takt drin, wie wenn Kriegerbanden
Mit gleichem Schritt auf hartem Schneefeld wallen.

Verstanden haben wir der Worte keines,
Doch hat uns stets zu hören sie verlanget.
Es war ein Klang drin, gleich den Tönen eines
Schilfs, der im Wind den Ast schlägt, dran er hanget.

Und um sich schaut' er, war er nun zu Ende,
Und sah erst jetzt, daß Keiner ihn vernommen.
Dann drückt' er stumm sein Antlitz in die Hände,
Und ist zum Wigwam still zurückgekommen.

In Frieden ruh' er, den wir nicht mehr sehen!
Laßt eine Hütt' auf seinem Grab uns bauen.
Sein Haupt liegt westwärts, denn sein letztes Flehen
War: „Krieger, o, nach Morgen laßt mich schauen!"

Der Reiter.

Er lenkte schweigend durch die Schlucht sein R[oß]
Bleich war sein Antlitz, lang und lockig floß
Ihm Bart und Haar auf Brust und Achsel ni[eder]
Er ließ dem müden Thiere das Gebiß;
Er seufzte düster durch die Finsterniß
Der Föhren: „Gott, warum gabst du mir Liebe[sieder!]

Sie schliefen Jahre lang in meiner Brust,
Wie Erz im Schacht; — ich habe nicht gewußt,
Daß Lieder tief mir in der Seele ruhten.
Weh mir, zu öffnen ihr verborgen Thor!
Wie kochend Herzblut brechen sie hervor,
Unhemmbar! ach, und ich — ich muß verbluten!

Und Keiner weiß es! Alle stellen sie
Sich vor mich hin, und sagen lächelnd: Sieh'!
Das ist ein lustig und ein kräftig Springen!
Das ist ein frischer und ein tücht'ger Strahl!
Ein mäß'ger Strom kann dieser Quell einmal,
So Gott der Herr will, durch die Lande bringen.

Sie aber wissen nicht, daß er schon bald
Versiegen muß, daß ebbend schon er wallt;
Sie wissen nicht, daß vor der Thür mein Sterben;
Daß mit dem Blut nur, das bis jetzt mir quoll,
Wenn in der Gruft ich einen tragen soll,
Ich meinen Lieberpurpur mir muß färben.

Doch murr' ich nicht; ich sage: sehet da,
Ich bin ergeben, ich bin Seneca,
Als in die Wanne rauschten seine Adern!
Die Dichtkunst sagt zu meinem Leben: flieh!
Mein Nero, weh' mir! ist die Poesie —
Doch will ich nicht mit meinem Schicksal hadern.

O, hielten sie mich nur nicht am Gewand,
Und brächten, diese Balsam und Verband,
Und die, mein Blut zu sammeln, Kelch und Sch;
O, könnt' ich still zu Tode bluten mich,
Gleichwie, die Brust von eines Jägers Stich
Durchbohrt, ein Hirsch in einem dunkeln Thale.

O, gönnten sie dem Sterbenden die Ruh'!
O, drückten sie nur grausam oft nicht zu
Die Wunde mir, am Herd und auf den Gassen;
Und lehrten mich, daß den gewalt'gen Fluß
Verschließen, eher noch mich tödten muß,
Als ihn, bei pochenden Schläfen, rieseln lassen.

O, ließen gehn mich meine Wege sie,
Und fragten nicht: Sprich, was ist Poesie?
O Gott, wie oft vernahm ich schon die Frage!
O, lächelten und lachten sie nur nicht,
Wenn träumerisch, mit glühendem Gesicht
Und eine Thrän' im Aug', ich ihnen sage:

Wenn man im Forst auf einen Eichbaum steigt,
Und sich zum Sitze wählt sein weit verzweigt
Und rauschend Haupt mit herbe duftendem Laube,
Und sinnend dann, die Arme stumm verschränkt,
An die Geliebte, welche fern ist, denkt,
Und in das Nest schaut einer Turteltaube;

Wenn man am Meer, von seinem Schaum benetzt,
Sich einem Fischer auf die Schultern setzt,
Und sich hinein läßt tragen in die Wellen,
Die Odyssee legt auf sein struppig Haar,
Und singt und jubelt, daß er denkt: fürwahr,
Das heiß' ich einen närrischen Gesellen!

Und wenn auf muth'gen Rossen man zu Dritt
Macht oder Vieren einen wilden Ritt —
Sieh' da! die lang gestreckten Renner schnauben,
Ihr beugt euch spornend vor, ohn' Unterlaß
Wehn euch die Mähnen in das Antlitz! — das
Ist Poesie, doch wollt ihr es nicht glauben.

Und wenn man Nachts auf langen Brücken fährt,
Und dumpf ihr Holz vom Hufschlag murren hört,
Bis das Gespann urplötzlich wieder seinen
Huf klirrend auf das Pflaster setzt, daß glüh
Die Funken fliegen, dann ist Poesie
Der erste Ton des Eisens auf den Steinen.

Und Poesie auch ist's, wenn, wie ein Schwan,
Man in der Dämmerung in einem Kahn
Langsam durchfurchet eines Hafens Mitte,
Und es gestattet, daß der Kahn sich schmiegt
An irgend ein gewaltig Schiff: — so liegt
Oft neben einem Palast eine Hütte.

Und Poesie dann, wenn in Gummischuhn
Man einen Neger sieht im Tauwerk ruhn,
Des Abends Kühle schwebend einzufangen;
Er schaukelt lässig sich und singt ein Lied,
Und schaut ihr ihm ins Angesicht, so glüht
Euch wie ein Stern das Weiße seiner Augen.

Und Poesie auch würd' es sein, wenn jetzt
Dies schwarze Roß von Dänenzucht, entsetzt
Sich bäumete auf dieser düstern Stelle,
Mich schleuderte an dieses Felsenstück,
Daß plötzlich Nacht umflorte meinen Blick,
Und meiner Stirne dunkel Blut entquölle.

Und wenn alsdann, wenn ich zum letzten Mal,
Beschienen von der Abendsonne Strahl,
Das matte Aug', die müde Wimper höbe,
Das treue Thier, als klagt' es um mein Weh',
Gesenkten Halses auf mich niedersäh',
Und warm in mein erkaltend Antlitz schnöbe."

Gelegentliches.

Bei Grabbe's Tod.

Dämm'rung! — das Lager! — Dumpf herüber schon
Vom Zelt des Feldherrn donnerte der Ton
Der abendlichen Lärmkanonen;
Dann Zapfenstreich, Querpfeifen, Trommelschlag,
Zusammenflutend die Musik darnach
Von zweiundzwanzig Bataillonen!

Sie betete: „Nun danket alle Gott!"
Sie ließ nicht mehr zu Sturmschritt und zu Trott
Die Büchse füllen und den Zaum verhängen;
Sie rief die Krieger bittend zum Gebet,
Von den Gezelten kam sie hergeweht
Mit vollen, feierlichen Klängen.

Der Mond ging auf. Mild überlief sein Strahl
Die Leinwand rings, der nackten Schwerter Stahl
Und die Muskelenpyramiden.
Ruf durch die Rotten jetzo: „Tzako ab!"
Und nun kein Laut mehr! Stille, wie im Grab —
Es war im Krieg ein tiefer Frieden.

Doch anders ging es auf des Lagers Saum
Im Weinschank her; — da flog Champagnerschaum,
Da hielt die Bowle dampfend uns gefangen!
Da um die Wette blitzten Epaulett'
Und Friedrichsd'or; da scholl's am Knöchelbrett:
„Wer hält!" und Harfenmädchen sangen.

Zuweilen nur in dieses wüsten Saals
Getöse stahl ein Ton sich des Chorals,
Mischte der Mondschein sich dem Schein der Lichter
Ich saß und sann — „Nun dankt —" „„Qui en veut?""
Geklirr der Würfel — da auf einmal seh'
Aus meiner alten Heimath ich Gesichter.

„Was, du?" — „„Wer sonst!"" — Nun Fragen hin und her
„Wie geht's? von wannen? was denn jetzt treibt der?"
Auf hundert Fragen muß' ich Antwort haben. —
„Wie —" „„Nun, mach' schnell! ich muß zu Schwarz und Roth!""
„Gleich! nur ein Wort noch: Grabbe?" — „„Der ist todt;
Gut' Nacht! wir haben Freitag ihn begraben!""

Es rieselte mir kalt durch Mark und Bein!
Sie senkten ihn vergangnen Freitag ein,
Mit Lorbeern und mit Immortellen
Den Sarg des todten Dichters schmückten sie —
Der du die hundert Tage schufst, so früh! —
Ich fühlte krampfhaft mir die Brust erschwellen.

Ich trat hinaus, ich gab der Nacht mein Haar;
Dann auf die Streu, die mir bereitet war
In einem Kriegerzelt, warf ich mich nieder.
Mein flatternd Obdach war der Winde Spiel;
Doch darum nicht floh meinen Halmenpfühl
Der Schlaf — nicht darum bebten meine Glieder.

Nein, um den Todten war's, daß ich gewacht:
Ich sah ihn neben mir die ganze Nacht
Inmitten meiner Leinwandwände.
Erzitternd auf des Hohen pracht'ge Stirn
Legt' ich die Hand: „Du loderndes Gehirn,
So sind jetzt Asche deine Brände?

Wachtfeuer sie, an deren sprüh'nder Glut
Der Hohenstaufen Heeresvolk geruht,
Des Corsen Volk und des Carthagers;
Jetzt mild wie Mondschein leuchtend durch die Nacht,
Und jetzo wild zu greller Brunst entfacht —
Den Lichtern ähnlich dieses Lagers!

So ist's! wie Würfelklirren und Choral,
Wie Kerzenflackern und wie Mondenstrahl
Vorhin gekämpft um diese Hütten,
So wohl in dieses mächt'gen Schädels Raum,
Du jäh Verstummter, wie ein wüster Traum
Hat sich Befeindetes bestritten.

Sei's! diesen Mantel werf' ich drüber hin!
Du warst ein Dichter! — Kennt ihr auch den Sinn
Des Wortes, ihr, die kalt ihr richtet?
Dies Haus bewohnten Don Juan und Faust;
Der Geist, der unter dieser Stirn gehaus't,
Zerbrach die Form — laßt ihn! er hat gedichtet!

Der Dichtung Flamm' ist allezeit ein Fluch!
Wer, als ein Leuchter, durch die Welt sie trug,
Wohl läßt sie hehr ben durch die Zeiten brennen;
Die Tausende, die unterm Leinen hier
In Waffen ruhn — was sind sie neben dir?
Wird ihrer Einen, so wie dich, man nennen?

Doch sie verzehrt; — ich sprech' es aus mit Grau'n!
Ich habe dich gekannt als Jüngling; braun
Und kräftig gingst dem Knaben du vorüber.
Nach Jahren drauf erschaut' ich dich als Mann;
Da warst du bleich, die hohe Stirne sann,
Und deine Schläfe pochten wie im Fieber.

Und Male brennt sie; — durch die Mitwelt geht
Einsam mit flammender Stirne der Poet;
Das Mal der Dichtung ist ein Kainsstempel!
Es flieht und richtet nüchtern in die Welt!" —
Und ich entschlief zuletzt; in einem Zelt
Träumt' ich von einem eingestürzten Tempel.

Für Schillers Album bestimmt gewesen.

Nun kommen sie aus aller Welt,
Die leichten Dichterboten,
Von wannen flattert nicht ein Blatt
In's Buch des großen Todten?

Und wer jetzt durch die Sierren schweift,
Und wählt sich zum Gesandten
Ein Lied, der hüllt es ein in Flor
Vom Sarge des Infanten.

Und wer durch Frankreich zieht, der tritt
Zu Dom Remy's Altare,
Und sendet einen Kranz vom Baum
Des Mädchens der Loire.

Und wer in Welschland jetzo weilt,
Schickt Lorbeern von Messina,
Und einen frisch gehau'nen Span
Vom Hause des Verrina.

Der Böhme meldet einen Gruß
Von Friedlands kühnen Rotten,
In England schrieb' ich mit dem Blut
Der Königin der Schotten.

Und in dem Land Helvetien
Stieg' ich zu Berg und schriebe
Vom Grütli es zum Todtenfest,
Wie ich den Todten liebe.

Ich bin nicht, wo der Rhein entspringt
Im hohen Land des Schächen;
Ich wohne tief, wo lässig er
Verrinnt in sand'gen Flächen.

Denn dieses sind am Ocean
Die abgefallnen Lande;
Geflattert hat die Aufruhrfahn'
Auf diesem Nebelstrande.

Und dieses ist der Pfeilebund,
Und dies sind die Provinzen;
In diesen Städten schaarten sich
Die Geusen um den Prinzen.

Noch spricht aus Steinen jener Geist,
Der da manch Herz zerfressen;
Ich hab' heut' Nacht bei Sturmeswehn
Vor Alba's Thür gesessen.

Ich wandelte durch Thore, die
Dem Spanier sich verschlossen;
Ich stand vor Thurm und Mauerwerk,
Vom Herzog einst beschossen.

Wie hier vordem ein Volk gekämpft,
Und wie ein Fürst gesündigt,
Das hat in ehr'ne Tafeln Er
Gegraben und verkündigt.

Von dieser Mauerringe Trotz
Zeugt' Er mit mächt'gen Lauten;
Sie wissen es, sie danken's ihm,
Dem Todten die Ergrauten.

Und jeder Stein aus Thorgewölb',
Aus Mauern und aus Stiegen,
Ließ' freudig sich in's Fundament
Von Schillers Male fügen.

Der Kitt ist fest, der Weg ist weit —
Mein Lied will sie vertreten:
Es ruh' im Mal, ein Mauerstein
Von den abtrünn'gen Städten.

In Schillers Album.

Trotzig ist dieses Land: der Nordsee trotzt' es den Boden,
  Dem im Escurial trotzte die Freiheit es ab.
Siehe, die Pfeile dies, die verbundenen! dies die Provinzen!
  Dies der zottige Leu, der in der Klaue sie trägt!
Dies die Sandbank! im Meere des duftverschleierten Nordens,
  Drauf des Gebieters im Süd flaggende Barke verging!
Hier des Aufruhrs Herd! Hier hat die Flamme gelodert,
  Die, Gewalt'ger, durch dich länger und leuchtender strahlt!
Siehe, ich saß heut' Nacht auf Alba's blutiger Schwelle:
  Dieses Haus vordem deß von Toledo Quartier!
Diese alten Tavernen vernahmen die Schwüre der Geusen;
  Dieser Märkte Raum sah das behang'ne Schaffot.
Siehe, die Thore dies, die Philipps Völkern sich schlossen!
  Siehe die Mauern dies, die sie vergeblich berannt!
Höre den Dank der Ergrauten! sie kennen und lieben dich, Schiller!
  Gerne zu deinem Mal fügte sich jeglicher Stein! —
Weil der Weg und fest der Mörtel! — für die Gebundnen,
  Sie zu vertreten, fliegt freudig gen Süden dies Blatt!
Ruh' es, ein Stein von den Mauern der abgefallenen Städte,
  In den Quadern des Mals deß, der die Städte verklärt!

Der Phönix.

Zur Einleitung des zweiten Jahrgangs von E. Dullers Phönix.

1.

Am Niger, wenn von den fünfhundert
Vollendet wiederum ein Jahr,
Erhebt der Phönix sich verwundert,
Und reckt der Schwingen purpurn Paar:
Er schaut zu Thal von dem bemoos'ten
Weltgrate, drauf sein würz'ger Horst;
Er schaut nach Westen und nach Osten
Durch Wüstenland und Himmelforst.

Welch ein Gewirr zu seinen Füßen;
Da ballt der Sand sich wunderbar,
Da rauschen Wälder, Ströme fließen,
Da traben Strauß und Dromedar.
Da weht des Mohren Scharlachfahne,
Da schallt des Tigers dumpf Geschrei,
Da jagt der Sturm die Karavane,
Da jagt den Hirsch der grimme Leu.

Da schaut im Silben er die Horden
Des Kaffernvolks beschwichtigt kaum;
Da, tausendzeltig, glänzt im Norden
Die Lagerstatt am Feigenbaum.
Bunt tummeln sich die Kriegsgeschwader,
Die blut'gen Schwerter funkeln glüh;
Und weithin schallt's: „Hie Abdel Kader!"
„„Hie Orleans, und Frankreich hie!""

Er aber lässet sich nicht kümmern
Der Heere Drang und der Partei'n;
Sein Trachten ist, daß sie sein Schimmern
Mit ihrem Staube nicht entweih'n.
Still sammelt fort er in den Thalen
Gewürze sich zu seinem Brand,
Und lässet seinen Fittig strahlen
Ruhig durch das empörte Land.

2.

Dem Phönix möge dieser gleichen!
Auch ihm vollendet sich ein Jahr.
Er schauet in des Geistes Reichen
Sich um, und reckt der Schwingen Paar.
Er schaut nach Osten und nach Westen;
Sieh' da — auch hier Empörung nur,
Und Rütteln an den alten Vesten,
Und Waffenklang, und Ruf, und Schwur!

Nicht ist ein Fremdling er dem Ringen
Und dem Erregtsein dieser Zeit. —
Barg denn nicht Er auch mit den Schwingen
Den Funken, der erregt den Streit? —
Fortan ihr Schimmern will er wahren;
Sein Flug ist über den Partei'n,
Doch gilt sein Flügelschlag den Schaaren
Des Reinen und des Rechts allein.

Jedwede Zeit hat ihre Wehen;
Ein junges Deutschland wird erstehn.
Unhemmbar ist des Geistes Wehen,
Und vorwärts kann die Zeit nur gehn.
Allein der Schlamm nicht der Gemeinheit
Gebiert, was edel und was recht;
Nur aus der Wahrheit und der Reinheit
Ersteht, was fördert ein Geschlecht.

Und Solchem einzig gilt sein Streben,
Und gilt sein Trachten für und für,
Solch neuem Lenz entgegenheben,
Als ein scharlachenes Panier,
Mag er die Flügel, mag entgittern
Auf's Neu' die Schranken er: — Hinein!
Und müßt' ihm auch aus Lanzensplittern
Gethürmt der Scheiterhaufen sein!

Bannerspruch.

An E. Duller.

Zur Einleitung des dritten Jahrgangs des Phönix.

Das Horn erscholl, der Renner scharrte!
So laß uns denn zu Felde ziehn!
Auf's Neue schwing' ich die Standarte,
Die deine Farben läßt erglühn!
Und nenne Keiner mich verwegen,
Wer so vor deiner Schaar mich schaut:
Es wird ja stets dem jüngsten Degen
Des Banners Obhut anvertraut!

Ich lasse meinen Ruf erklingen,
Gewappnet, Duller, wie ich bin!
Ein Reich ja gilt es zu erringen
Der Menschheit, unsrer Königin!
Ein Reich, um welches sie noch heute
Von Thränen und von Blute trieft;
Doch dessen Throne nach dem Streite
Ein inn'res Ahnen ihr verbrieft!

305

Ein Reich, von dem ich oft gestammelt
Und es gesehen auch im Traum:
Die Völker hatten sich versammelt
Um einen einz'gen Lebensbaum.
Da war kein Schelten und kein Toben
Und keiner eitlen Rede-Brunst;
Ich sah' ein Band, das war gewoben
Aus Glaube, Freiheit, Wissen, Kunst.

Sie brachten Alle, was sie hatten,
Voll Eintracht Einem Weihaltar;
Wie Brüder sah ich auf den Matten
Gelagert diese große Schaar.
Und wie die Taube über Lämmern
Sich wiegt in Lüften, also schier
Sah milde durch der Zeiten Dämmern
Die Lieb' ich schweben über ihr.

Das ist das Reich, nach dem wir streben:
Und ist auch unser Häuflein schwach:
Wir haben Kämpfer vor und neben,
Und immer neue wachsen nach!
Die ganze Menschheit Eine Heerde —
O, nur gerungen und geglaubt!
Es frommt ihr jede Handbreit Erde,
Die der Gemeinheit wir geraubt!

Im Kampfe nur erblühn uns Kränze,
Drum laß uns sein, wie der Kroat,
Der auf Illyriens Kriegergrenze
Dem Boden anvertraut die Saat;
Der, als ein Kriegesmann gerüstet,
Den Weizen in die Furche streut,
Und, wenn sein Schwert den Türken lüstet,
Schlagfertig dasteht allezeit!

Der, wenn er kehrt von seinen Zügen,
Beherzt und freudig, wie er schied,
Der Scholle dunklem Schooß entfliegen
Des jüngsten Lenzes Aussaat sieht;
Der friedlich jetzt, sein Korn zu mähen,
Die Sense statt des Säbels schwingt,
Und zwischen Ernten, Kämpfen, Säen,
Sein Leben ruhelos verbringt!

Ich fühl's an meines Herzens Pochen:
Auch uns wird reifen unsre Saat!
Es ist kein Traum, was ich gesprochen,
Und jener Völkermorgen naht!
Ich seh' ihn leuchten durch die Jahre;
Ich glaube fest an seine Pracht;
Entbrennen wird der wunderbare,
Und nimmer kehren wird die Nacht!

307

Wir aber reiten ihm entgegen;
Wohl ist er werth noch manchen Strauß.
Wirf aus die Körner, zieh' den Degen;
Ich breite froh das Banner aus!
Mit festen Händen will ich's halten;
Es muß und wird im Kampf bestehn;
Die H o f f n u n g rauscht in seinen Falten,
Und Hoffnung läßt nicht untergehn!

Zwischen den Garben.

Eine Nachlese.

Vorwort.

Juli 1849.

Mein Frühkorn ist geschnitten —
O dreiste, frische Mahd!
Dasteh' ich nun inmitten
Der aufgebundnen Saat!
Ihr kennt sie, meine Garben —
Ich ließ die Welt nicht darben!
Sie schimmern ärntefarben,
Sie rauschen freudig hart am Pf

Der Einen braune Spitzen

Hat zorn'ges Ferneleid,

Die Andern hat das Blitzen

Gereift der heißen Zeit.

Auch fremdes Korn im Reigen

Seht ihr die Halme neigen —

Ich macht' es Deutschland eigen,

Ich gab ihm flott ein heimisch Kleid.

Nun heißt es fürder schreiten

Mit unbeirrtem Schritt!

Nun heißt es vorbereiten

Der zweiten Aernte Schnitt!

Nur streben, immer streben!

Herbstgarben auch wird's geben,

Daferne sonst mein Leben

In seinen ernsten Herbst nur tritt!

Schon seh ich fern sie leuchten,
Schon seh ich hoch sie stehn,
Schon seh ich die gebeugten
Im Spätjahrwinde wehn!
Doch ehe sie, die frischen,
In meinen Kranz sich mischen,
Will heute noch ich zwischen
Den alten Garben sinnend gehn:

Ob aus verlornen Aehren,
Ob aus verwehter Streu
Nicht etwa noch mit Ehren
Ein Strauß zu binden sei?
Ob nicht aus Korn und Mohne
Noch eine bunte Krone,
Werth daß man ihrer schone,
Sich sammeln lasse still und treu?

Ich bücke mich, ich spähe,
Sorglos die sichre Hand
Ausstreck' ich, wie ich gehe —
Da habt ihr, was ich fand!
Mög' euch das Werk behagen: —
Es half in diesen Tagen
Den Kummer mir ertragen
Um das zertretne Vaterland!

Die Blüthe.

1830.

Frühlingsleben, Blüthenleben!
An dem zarten, dünnen Reis
Glanzumgossen, duftumflossen
Prangt die Blüthe, roth und weiß.

Schlummernd ruht sie, wie im Traume,
Aehnlich einem Wiegenkinde;
Sich', es wiegen sammt dem Baume
Sie des Frühlings laue Winde.

Ihre Tage glänzen gülden,
Silbern schimmern ihre Nächte;
Käferlein mit bunten Schilden
Schwirren summend, ihre Knechte;

Tragen auf den Flügeldecken
Ihre Farben und ihr Wappen,
Haben treu sich ihr ergeben,
Hornbepanzert, lust'ge Knappen.

Und es kommen Vöglein, Bienen,
Schmetterlinge, staubbestreut —
Alles, Alles will ihr bienen!
O glücksel'ge Blüthenzeit!

Das kranke Kind.//
1880.

Dort oben an dem offnen Fenster
Auf Decken ruht ein krankes Kind,
So sanft und lieb, so mild von Zügen,
Wie sonst wohl nur die Engel sind.

Im Kämmerlein auf dumpfen Kissen
Hat es schon lange Zeit gelegen.
Wie still! — es wird wohl sterben müssen;
Gern stürb' es mit des Frühlings Segen.

Drum trugen es die Eltern leise
An des besonnten Fensters Rand;
Sie sitzen stumm an seiner Seite,
Und drücken weinend sich die Hand.

Es sieht den Lenz das Land bemalen,
Es sieht die grünen Bäume blühn;
Es sieht die liebe Sonne stralen,
Es sieht die jungen Schwalben ziehn.

318

Es sieht die Nachbarkinder spielen —
Sonst spielt' es wohl mit ihnen auch! —
Und eine helle Thräne zittert
In seinem großen blauen Aug'.

O, weine nicht! der Welt entnommen
Wirst du! dir leuchten Himmelskronen!
Und zu den Frommen wirst du kommen,
So in den Häusern Gottes wohnen.

Ein zu des Paradieses Freuden
Wirst du an Engelhänden gehn.
Die traurigste der Trauerweiden
Wird bald auf deinem Grabe wehn.

Der Tod.
1830.

Der Tod ist gar ein guter Mann;
Er geht bergab, er geht bergan;
Seine Hand ist kalt, sein Antlitz bleich,
Sein schwarzer Mantel weit und weich.

Er tritt zu jeder Pforte ein,
Mag's Fürstenschloß, mag's Hütte sein,
Und hilft, er hat ein reich Gemüth,
Wenn er betrübte Leute sieht.

Dem Säugling, der im Fieber liegt,
Sich jammernd an die Mutter schmiegt,
Sie stummen Blicks um Hülfe fleht,
Und ihre Thränen nicht versteht:

Ihm bietet er die kalte Hand,
Und tritt an seines Bettchens Rand,
Und küßt ihn auf den brennenden Mund,
Und spricht: „Du Lieber, sei gesund!"

Und faltet seine Händchen dann —
Sie brennen nicht mehr! — der gute Mann,
Und drückt ihm sanft die Aeuglein zu,
Spricht leise: „Schlummre, schlummre du!"

Dem Manne, der die ganze Welt
Mit brünst'ger Lieb' umfangen hält,
Deß Liebe Keiner, ach, versteht,
Und dem das tief zu Herzen geht;

Er klagt, und will verzweifeln schier:
„Was soll dies warme Herze mir,
Das Jeden gern als Bruder grüßt,
Und jedem willig sich erschließt?"

„Deß Gluth, wie sie auch liebend brennt,
Doch Keiner erwidert, Jeder verkennt?
O Gott, schenk' ihm die ew'ge Ruh'!
Nimm es zu dir! du kennst es, du!"

Ihm bietet er die kalte Hand,
Als einer schönern Zukunft Pfand;
Er küßt seinen Mund mit eis'gem Kuß:
„Wohl dem, der so verkannt sein muß!"

Dem Greise, der, gebeugt und schwach,
Vom Leben nichts mehr wissen mag,
Der, süßen Hoffens voll, gefaßt,
Entgegensieht der letzten Rast;

Auch ihm beut er die Rechte dar,
Und glättet ihm das weiße Haar,
Und zieht das Todtenhemd ihm an,
Und sagt: „Ruh' aus, du alter Mann!"

So macht er es mit allen Drei'n,
Hüllt sie in seinen Mantel ein,
Und trägt mit stillem, zufried'nem Sinn
Zum Kirchhof sie, der Gute, hin;

Und schaufelt ihnen auch ein Grab,
Und senkt sie sorgsamlich hinab,
Und deckt das Grab mit Rasen zu:
„So liegt ihr weich, und warm dazu!"

„Nun träumt vom schönen Himmelssaal,
Und seinen Freuden allzumal,
Bis ihr aus eurer langen Nacht
Zum Tage, der nicht sinkt, erwacht!"

322

Der Tod ist gar ein guter Mann,
Er hilft, wo Keiner helfen kann;
Seine Hand ist kalt, sein Antlitz bleich,
Sein schwarzer Mantel weit und weich.

Am Strande.

1838.

So hat es am Gestade
Gedonnert wohl vorlängst,
Als keck der Omijade
In's Meer ritt seinen Hengst;

Der Held, der allen Winden
Die blut'gen Fahnen gab,
Wie Zungen, zu verkünden
Medina's schwebend Grab;

Der Wilde, den der Berber
Sein Land verheeren ließ;
Der seine Wüstenfärber
Blutroth es färben hieß;

Dem, als er nun gezogen
Vom Schilf- zum Atlasmeer,
Zudonnerten die Wogen:
„Halt! du, mit deinem Heer!"

Da ließ er Zäume Zäume,
Und Bügel Bügel sein,
Und ritt in das Geschäume
Der Brandung dreist hinein;

Da, hoch in Lüften, blitzte
Des Bärt'gen krummes Schwert;
Die salz'ge Fluth bespritzte
Das rabenschwarze Pferd.

Auf seine Stirne wehte
Der Schaum, als schnee'ge Bläß';
Der Reiter aber flehte:
„Prophet, du siehest es!

„Gern, dich zu pred'gen, ritt' ich
Durch neuer Völker Blut;
Für dich die Welt bestritt' ich, —
Doch sieh', mich hemmt die Fluth!"

— O, ständ' jetzt am Strande
Auch mir ein wiehernd Roß,
Und rings im Ufersande
Ein bunter Kriegertroß:

325

Vor seinen Augen jagt' ich
In dieses Schaumes Schnee;
Doch nicht, wie Absy, sagt' ich:
„O steh', mich hemmt die See!"

Nicht schreckte mich, wie Jenen,
O Meer, dein dumpfer Ruf!
Ob flatterten die Mähnen,
Fest grumbete der Huf!

Dich eben wollt' ich bänd'gen!
Dich und dein wild Gespräh
Erräng' ich zur beständ'gen
Provinz der Poesie!

Denn aller Länder Schwelle
Ist dieser Saum der Fluth;
Es brächte jede Welle
Mir eines Volks Tribut.

Auf Sand- und Kiesgestaden
Übt' ich des Strandes Recht;
Mit Beute reich beladen,
Verließ' ich das Gefecht!

Den Hals dem Rosse klopfend,
Von Tropfen übersprüht:
So ritt' ich, Lieder tropfend, —
Denn jeder würd' ein Lied!

Hafengang.

1855.

Dies nun heiß' ich mein Vergnügen:
An dem Hafen Nachts zu wandeln,
Wo die großen Schiffe liegen,
Die nach fremden Küsten handeln;

Wenn der Wind, die Wolken jagend,
Heulend singt ein wildes Solo,
Und die Meerfluth, Wellen schlagend,
Abprallt von dem festen Molo;

Wenn der Mond, den Sturm verachtend,
Röthlich niederstralt, der volle;
Mit trübsinn'gem Blick betrachtend
Den Dreimaster und die Jolle;

Deren Bäume aufwärts ragen,
Auf zu ihm, dem Herrn der Nächte,
Als ob sie ihn wollten fragen,
Ob er bald die Fluth auch brächte;

Wenn aus qualmiger Taverne
Dann ein Schwarm von Ruderknechten
Singt und jubelt, die noch gerne
In der Matte schlafen möchten.

Nackt von Hals, mit weiten Hosen,
Wein und Jugend in den Adern,
Stehn die bräunlichen Matrosen
Auf des Kai's gewalt'gen Quadern,

Ihres Schiffes Namen rufend
In die Nacht, trotz Fluth und Winden,
Bis die Schläge ferner Ruder
Der Schaluppe Nahn verkünden. —

„Traun, kein trefflicher Vergnügen,
Als am Hafen Nachts zu streifen,
Wo die großen Schiffe liegen,
Wo die farb'gen Flaggen fliegen,
Wappenreiche Leinwandstreifen!

An Afrika.

1833.

Ihr wunderbaren Zonen,
Du fernes Zauberland,
Wo dunkle Menschen wohnen,
Geschwärzt vom Sonnenbrand;
Wo alles blitzt und funkelt,
Wo der Sonne Stralengold
Das rechte Gold verdunkelt,
Das glitzernd in den Flüssen rollt:

Mit Wald und Wüste voll Grauen
Seh' ich euch vor mir stehn;
Die grünen Palmen beschauen
Sich in den blauen Seen;
Wilder Thiere Stimmen erschallen
Aus Felsgeklüft und Höhl',
Und mit gewichtigen Ballen
Beschwert der Berber das Kameel.

Es wäscht der lockige Neger
Aus Flußsand goldne Körner;
Ernst hebt der Himmelsträger,
Der Atlas, seine Hörner
Und seine Felsenkamen,
Von Sonnengluth erhellt,
Und graue Elephanten
Zermalmen schweren Schritts das Feld.

Der Löwe netzt die Mähne,
Und badet sich im Flusse;
Jach schießen braune Kähne
Vorbei mit schnellem Schusse
Sie rudern ob den Tiefen,
Und tragen Datteln und Harz,
Und Mohrenhäupter triefen,
Und tauchen aus den Wellen schwarz.

Du gluthenreiche Zone,
Der Erde Königsland!
Die Sonn' ist deine Krone,
Sand ist dein gelb Gewand;
Und golden sind die Spangen,
Du königliches Weib,
Die es mit feurigem Prangen
Dir heften um den heißen Leib.

Der Strand, der glühende, nackte,
Mit Klippen und mit Dünen,
Der wunderlich gezackte,
Muß dir als Schemel dienen;
Das Meer, den Schemel säumend,
Der hoch es überragt,
Wäscht deine Sohlen schäumend
Als eine dienstbeflißne Magd.

Sinnend auf Scharlachdecken
Ruhst du! — wie licht sie blinken!
Gefleckte Panther lecken
Die Finger deiner Linken,
Weil künstlich deine Rechte,
Mit Ringen reich geschmückt,
Zu einer falben Flechte
Das Mähnenhaar des Leu'n verstrickt.

Und dann, es lösend wieder,
Ein fünfgezahnter Kamm,
Vom starken Rücken nieder
Des Haares dichten Stamm
Bis abwärts auf die Pranken,
Die scharfen, kämmt und streicht,
Und herrisch die geschlanken
Straßen durch die Wüste scheucht.

Auf deiner Achsel sitzend,
Mit Plaudern und Geschrei,
In bunten Federn blitzend,
Wiegt sich der Papagei,
Legt seines Schnabels Krümme
Dicht an dein horchend Ohr,
Und schwatzt mit heller Stimme
Dir seltsamliche Mährchen vor.

Dein Haupthaar ziert von Seide
Ein Turban, bunt geblümt;
Ein köstliches Geschmeide,
Wie es Sultanen ziemt,
Aus tausend kleinen Ringen
Zur Kette fest vereint,
Legt sich mit goldnen Schlingen
Um deinen Hals, den Gluth gebräunt.

Wer hat dich je gesehen
In deiner ganzen Pracht?
Waldhüllen, dichte, wehen
Mit dunkelgrüner Nacht
Vor deinem Türkenbunde,
Vor deiner Wange Sammt,
Vor deinem Purpurmunde,
Vor deinem Aug', das düster flammt.

Keiner, der ohne Schleier,
O Königin, dich sah!
Wohl trat dir mancher Freier
Mit keckem Schritte nah';
Die Schleier wollt' er heben,
So dein Gesicht umziehn,
Doch büßen mit dem Leben
Mußt' er sein Wagstück, allzu kühn.

Von deinem Thron mit Dräuen
Erhubst du zürnend dich:
„Schüttelt die Mähne, Leuen!
Zerreißt ihn, kämpft für mich!
Sonne, dein Stralenfeuer
Entschleudre deinem Zelt,
Auf daß es dem Entweiher
Versengend auf den Scheitel fällt!"

„Giftwinde, eurem Qualme
Erliege seine Kraft!
Bei jeder Dattelpalme
Schreck' ihn ein Lanzenschaft!
Ihr Neger mit dem krausen
Haarwuchs, bringt mir sein Blut!
Laßt eure Pfeile sausen,
Und trefft das Herz des Freblers gut!"

Da springt mit wildem Satze
Der Leu, und brüllt vor Lust,
Und schlägt die breite Tatze
In des Erschöpften Brust;
Da grinf't aus jedem Strauche
Ein Mohrenkrieger schlank,
Da fegt mit gift'gem Hauche
Der Smum die dürre Wüste blank.

In seines Renners Flanke
Drückt der Dschaloff den Sporn —
Wie mag der müde Blanke
Entrinnen solchem Zorn?
Blutend aus tausend Wunden
Stürzt auf den Sand er hin;
Den Tod hat er gefunden
Durch dich, furchtbare Sultanin!

Die er enthüllen wollte
Den Augen aller Welt,
Und die darob ihm grollte
In ihrem Palmenzelt!
Er wollte dich verklären
In deinem Heiligthum —
Wie mochtest du ihm wehren,
Was er begann zu deinem Ruhm?

335

Die nach dem Blute dürsten
Des weißen Manns dich sahn,
Demüth'ge Negerfürsten,
Sie bieten es dir an.
Du schwingst das goldne Becken,
So licht das Blut umblitzt,
Daß mancher Purpurflecken
Auf deinen grünen Schleier spritzt.

Die schwellenden Lippen drückst du
An des Gefäßes Rand;
Mit wildem Lächeln blickst du
Auf den goldgelben Sand.
Im Sande ruht die Leiche;
Die Sonne brennt gar heiß; —
Durch Zeiten und durch Reiche
Klingt deiner todten Buhlen Preis!

Stimme vom Senegal.

Die Nacht brach an, das Zelt war aufgeschlagen.
Ich stampfte Mais, da plötzlich sah durch's Rohr
Ich einen Reiter nach der Wüste jagen;
Auf einem Strauße ritt der junge Mohr.

Ich sah ihn lächelnd auf mich niederblicken;
Sein lauter Gruß tönt mir noch jetzt im Ohr.
Wie groß war er! — auf eines Straußes Rücken! —
Auf einem Strauße ritt der junge Mohr!

An seiner Seite hing die Kürbisflasche;
Den Schirm von Blättern hielt er hoch empor
Voll runden Korns war seine Reisetasche, —
Auf einem Strauße ritt der junge Mohr.

Er trieb den Vogel nach des Aufgangs Hügeln,
Mit einem Stab schrieb er den Weg ihm vor.
Auf seinem Nacken, zwischen seinen Flügeln, —
Hoch auf dem Strauße saß der junge Mohr.

Der Vogel trabte, rudernd mit den Schwingen,
Daß ich ihn bald aus dem Gesicht verlor.
Von ferne noch hört' ich den Reiter singen, —
Auf einem Strauße ritt der junge Mohr.

Wir lassen morgen uns am Strome nieder,
Und er vielleicht hält vor Tombuktu's Thor.
Wann seh' den Strauß und seinen Herrn ich wieder? —
Auf einem Strauße ritt der junge Mohr.

Klänge des Memnon.

(Unvollendet gebliebener Cyklus.)

1.

Zur Einleitung.

Es sagen, die sein Haupt von Frühroth sahn umflossen,
Daß den granitnen Mund auf ewig er geschlossen,
Daß seine Lippe stumm den Brand des Ostens schlürft;
Daß, wenn die Sonne nun, allmählig höher steigend,
In's hohle Aug' ihm blitzt, er seinen Schatten schweigend
Durch die Thebais wirft.

Und Gleiches sagen aus, die schimmern sahn den Alten,
Wenn Sol, anstatt in's Meer, sich taucht in die geballten
Sandwirbel, deren Zorn mit Karavanen ficht:
So, wenn ihm Wasser fehlt in seinem dürren Lande,
Vollzieht der Araber mit glüh'ndem Wüstensande
Der Abendwaschung Pflicht. —

Ja, Memnon ist verstummt! Sein Lied hat ausgeklungen!
Doch nachhallt durch die Zeit, was seinen Flammenzungen,
Als Herodot ihn sah, melodisch ist entwehst.
Durch die Jahrtausende herbebt es bis auf heute;
Ich aber nahe mich, daß ich die Klänge deute,
Ein später Interpret.

Der Dichter kann den Schrei des Berges, und das Wehen
Des Sturmes, und das Lied der Vögel ja verstehen;
Er legt dir aus den Zorn des Meers und seine Ruh';
Er weiß es, was da rauscht aus Roß- und Löwenmähnen;
Wie forsch!' er lange noch bei eines Steines Tönen? —
Granitner, rede du!

2.

Ein Lied Memnons.

Vergangen ist die Nacht! Weiß dampft es auf dem Nile;
Aufrafft sich Pharao von seinem Purpurpfühle;
Schlaftrunknes Murmeln füllt die Hekatompylos.
Wie Fackeln, licht und schlank dasteh'nd im dunkeln Thale,
Blutroth im ersten Sonnenstrahle,
Glühn Obeliskus und Koloß.

Nach Westen weithin fällt ihr ungeschlachter Schatten;
Die Sphinxe werden wach auf ihren Marmorplatten
Und schauen träg empor an Thurm und Säulenknauf.
Der Ibis schickt sich an, um ihre Stirn zu schweben;
Sie aber recken sich und geben
Sich gähnend ihre Räthsel auf.

Der Geier flattert schwer nach ihren Fußgestellen;
Gleichwie ein Tempelwart von ihren glatten Fellen
Streift mit dem Filtig er der Wüste nächt'gen Staub.
Leis flüsternd grüßen sich die dorn'gen Palmenbäume;
Sich zu erzählen ihre Träume,
Bewegen sie der Kronen Laub.

Und laut und lauter wird's in Thebens alten Mauern,
Auf deren Zinnen ernst gegossne Löwen lauern;
Vom Schall des Morgens dröhnt mein einstig Königshaus.
Das Herz Aegyptens pocht in seiner eh'rnen Hülle
Und rieselt seines Blutes Fülle
Nach allen seinen Gliedern aus.

Es sprudelt und es gährt und sprengt die hundert Pforten;
Es bricht sich brausend Bahn und fluthet allerorten,
Wo sich die Wüste behnt und wo die Nilfluth rollt.

Das nenn' ich heißes Blut: Kriegsheere, Karavanen!
Es pulst einher in sand'gen Bahnen
Und schwemmt zurück Ruhm und Gold.

So grüßt Aegyptenland, du Strahlender, dein Kommen!
Bald über'n Strom schon ist dein Spiegelbild geschwommen;
Die Wüste fährt empor, dich jubelnd zu empfahn.
Und ich auch, der ich nur ein Wächter bin im Sande,
Ertöne, seh' ich dich am Rande
Des Felsgebirgs im Osten nahn.

Denn wie ein Kriegesfürst im Lande der Araben,
So lässest du einher die muth'gen Rosse traben,
Die flackerndes Gestrahl aus ihren Nüstern sprühn.
Dein Herold Morgenwind führt eine Goldtrommete;
Dein Frühzelt ist die Morgenröthe,
Dein Abendzelt des Westens Glühn.

Und wie ein Emir auch kannst du die Feinde drängen!
Wenn du zu Wagen steigst, den Himmel zu durchsprengen,
Mit ihren Schatten dann entweicht die dunkle Nacht.
So schier weiß Pharao ein Mohrenheer zu jagen,
Wenn er auf goldnem Sichelwagen
Einherbraus't über's Feld der Schlacht.

Und wie sein Arm befreit die Völker und die Lande,
Und wie sein blutig Schwert sich öffnen heißt die Bande,
In die des Feindes Grimm die Kriegsgefangnen schlug:
So auch zerschmetterst du, anspornend deine Pferde,
Die Fesseln, deren Wucht die Erde
Auf das Geheiß des Dunkels trug.

Sieh' da, sie öffnen sich! sie springen und sie schmelzen!
Die Erde war ein Grab; — doch du, den Stein zu wälzen
Von seiner Thüre, nah'st! — Hinfällt er und zerbricht.
Ich aber grüße dich in deiner Kraft und Schöne;
Vernimm die Summe meiner Töne
In einem einz'gen Worte: Licht!

Schahingirai.

(Hammer, Geschichte des osmanischen Reichs.)

Ein dunkler Reiterzug trabt durch die Steppe hin;
Das ist mit seinem Troß der Khan der Krim, Schahin;
Er läßt von seinem Hengst sich durch die Ebne tragen.
Die Nacht ist kalt und rauh; sein Haupthaar flattert wirr
Im Sturm; sein Auge blitzt; — er hält, wo Kantemir,
Sein Feind, ein Lager aufgeschlagen.

Der Führer selbst ist fern auf einem Beutezug,
Und arglos schläft das Volk vom Dnieper und vom Bug
In den bereisten Filzgezelten.
Sie schlummern, Mann und Roß, — Zaumwerk und Meßgeräth
Am Boden aufgehäuft; — kein Laut; — es war sehr spät,
Als sie die Lagerstatt umstellten.

Weh' dir, o Kantemir, daß du des Blut'gen Grimm
Geweckt! — Sein Schwert entblößt der wilde Khan der Krim
Und sprengt in's Dorf mit seinen Reitern;

Er wirft den ersten Brand; da loht's gleich Naphtaseen;
Die Zelte flackern auf; in hellen Flammen stehn
Die Wagen mit den hohen Leitern.

Wohl rinnt der Schläfer Blut; doch löscht es nicht den Brand. —
Und aus dem reichsten Zelt, gefesselt Fuß und Hand,
In langen, aufgelösten Haaren,
Zerrissen das Gewand, von gier'gen Augen frech
Begafft, führt vor den Khan ein siegberauschter Beg
Das Weib des Fürsten der Tartaren.

Gelassen sah Schahin die Zitternde und sprach:
„Kalt weht von Asow her der Ost! Fern noch der Tag!
Du bebst vor Kälte! Wohl, dich soll nicht länger frieren!
Wärmt diese Brunst dich nicht, ... der Fürstin bien' ich gern!
Was ist ein Feuer auch dem reichen Steppenherrn?
Sieh', dort laß ich dir eines schüren!

„Kein trübe glimmendes, wie auf dem Wanderherd
Der Hirt der Tartarei es mit Kameelmist nährt —
Nein, eines, das bis zu den Sternen
Emporflammt! Sieh', schon zuckt und züngelt es im Wind!
Nicht dich allein, es gilt zu wärmen auch das Kind,
Das du im Schooße trägst dem Fernen!

„Da, Teppich! — noch jüngst haſt du darauf geruht! —
Leinwand von deinem Zelt! — dies harz'ge Holz! — Die Glut
Ergreift's und ziſcht empor mit ſchwefelgelbem Kamme!
Wohlan, ſo wärme dich!" — Er ſagt's und ſtößt den Spieß
Dem Weibe durch die Bruſt; ein Wink, und der Kirgis,
Sein Diener, hält ſie in die Flamme.

Sie krümmt .... ich ſah es nicht! Schahin hat zugeſehn.
Doch in der Glut bekam das ſchwangre Weib die Weh'n,
Und einen Sohn hat ſie geboren.
Das Feuer haſcht nach ihm .... bedeckt die Augen nur!
Der Khan ſpricht: „Es wird warm!" — Er wirft die Tigerſchur
Von ſich und kraut dem Hengſt die Ohren.

Der Rauch umwirbelt ſie; nichts ſeh' ich mehr! — Gepoch
Von Hufen nur und Ruf von Stimmen hör' ich noch:
„Schahin, der Mächt'ge, ſei geprieſen!
Sein Zorn ſtraft Könige! Von ſeinen Thaten ſpricht
Die Welt! Bis Stambul nennt ihn zitternd das Gerücht!
Bis zu des Wolgaſtromes Wieſen!"

Ein Ritt.

Fragment.

Galopp! — die Wüste knirscht: — es ist die salz'ge Kruste,
In die das todte Meer den Sand zu kleiben wußte,
Seit Lot die flackernden Paläste Sodoms floh.
Galopp! — das Hufhaar fegt von den Kameeldornbüschen
Den Staub der Wüstenei — den Staub der Wüste zwischen
Jerusalem und Jericho.

Galopp! — die Zäume wehn! — Lançaden und Courbetten!
Galopp! — das Riemwerk blitzt von Kupferamuletten!
Galopp! — die Stange schäumt, vom Stirnhaar überwallt!
Galopp! — der Kaftan fliegt, bunt glühn die Sammetdecken,
Der Säbel klirrt! — Galopp! — die Rappen und die Schecken,
Die Fahnen und der Lanzenwald!

Und sieh', vorüberfliegt's mit Mähnen und mit Schweifen!
Der ganze Reitertrupp ein einz'ger lichter Streifen!
Hinzuckt der lodernde Zickzack im Sonnenschein!

Er zieht und schlängelt sich mit Rasseln und Geklirre:
Kein Trupp — ein Wetterstrahl! Hinzischt er durch die Dürre
Und schlägt in einen Palmwald ein. -

In einen Dattelhain, der an der Wildniß Rande
Rauhrindig sich erhebt aus dem geborstnen Sande;
Im Sande wurzelt er, lechzend nach Jordanschlamm.
Er schüttelt sein Gezweig, wie Renner ihre Mähnen. —
Zieht an die Zügel! — Halt! — Die Trensen aus den Zähnen!
Die Speere lehnt an einen Stamm!

In der Nordsee.

Die Nordsee! — Gentlemen, ein bessres Bierhauszeichen
Schuf keines Wirthes Witz für Leute meinesgleichen!
Ein rechtes Schifferschild! Das salzigste am Dock!
God damn! Ein Seemann muß in See gehn! kaum entronnen
Der einen, treibt es mich schon wieder zu den Tonnen
Der andern! — Jenny, ein Glas Grog!

Auf euer Wohl, ihr Herrn! es scheint wohl, daß der kalte
Wind euch hier ankern ließ! — Wahrhaftig, lauter alte
Bekannte! — tausendmal willkommen, wilder John!
Nun, sieh' nicht sauer! denkst du noch der dummen Händel
Zu Basra um den Strauß der Perserin: Lavendel
Und Rosen? grollst du noch, daß ich ihn trug davon?

Schäm' dich! — Sieh', langer Tom! noch immer bei Corbière
Auf dem Miltiades? wir nannten dich die Scheere
Zu Smyrna. Nun, nur nicht gleich unwirsch! her die Hand!

Wahrhaftig, sah man dich mit ausgespreizten Beinen
Im Zwielicht auf dem Mars, so mußte man wohl meinen,
Das große schwarze Ding, das auf dem Flechtwerk stand,

Sei eine Scheere, weit geöffnet! — Ruhig! — legtest
Du vollends nun, wie du in deiner Faulheit pflegtest,
Die Hände auf den Kopf und zogst die Beine an:
Dann ging sie zu — wie jetzt! — die Arme sind die Oehre!
Bei'm Teufel, immer noch die lange dürre Scheere!
Willkommen, Scheeren-Tom! Nun, sei nicht böse, Mann!

Auch du, mein bider Dick, du Liebling der Levante!
In Rhodus sahn wir uns zuletzt! Von Alikante
Kommst du? Wo warst du sonst, du Rhodischer Koloß?
Und wo wart ihr, Tom, John? Am Indus, am Missouri? —
Wo ich gewesen bin? — Ich war am Wrack der Fury,
Bootsmann der Victory! ich war mit Captain Roß!

Mit Captain Roß! — Nun seht! erst kalt und stumm wie
                                                Fische —
Nun schrein und jubeln sie! sie springen auf die Tische!
Seehunde, wollt ihr wohl — seht her, da fließt mein Grog!
Jenny, ein frisches Glas! wie schön kannst du kredenzen! —
Ihr ungestümes Volk, die Katze mit neun Schwänzen
Verdient ihr! allesammt gehört ihr an den Fock!

Ihr tobt ja, daß das Haus den Einsturz droht! so schallte
Ja Coventgarden kaum, als gestern Nacht der Alte
(Ich meine Captain Roß!) in seine Loge trat.
Nun ja, ich war mit Roß! was braucht ihr da zu wüthen?
Was ist es denn, daß wir im Eise fest geriethen,
Und daß die Victory, ich glaube siebzig Grad

Nordbreite, trotz des Dampfs in ihren schwarzen Kesseln
Nicht eben victoriös ihr Räderpaar in Fesseln
Vom Eise schlagen ließ? was will es sagen, daß
Die Mannschaft sie verließ, und sich, mit Proviante
Bepackt, zu Lande durch den Schnee zur Furth wandte,
Die noch seit — wann doch war's? — als Wrack im Eise saß?

Die Karte von der Wand! — hier! bei der Prinz-Regenten-
Einfahrt! — was ist es denn, daß wir, gleich wilden Enten,
Drei Sommer wateten im Wasser und im Schnee,
Drei Winter fasteten, wie abgeschnittne Truppen,
Und auf der Furth schlecht kalfaterten Schaluppen
Uns endlich wagten in die losgethaute See?

Daß uns der Odem weiß, als Reif, ging aus dem Munde;
Daß wir durch schwimmendes Treibeis von Sund zu Sunde
Uns schleudern ließen bis zur Insel Leopold;

Daß wir die Heimath nie mehr zu erblicken wähnten;
Daß unsre Kranken auf dem Schnee vor Kälte stöhnten;
Daß alle Segel, steif gefroren, aufgerollt,

Ihr Kissen waren; daß — nun, was will Alles sagen?
God damn! Ihr fahrt ja selbst — wer wird denn nicht
                                        verschlagen?
Was schreit ihr denn, wie kaum im Schauspielhaus John Bull,
Das wasserscheue Thier? — Wir sind ja nun zur Stelle!
Des Alten altes Schiff, die treue Isabelle,
Nahm uns zu ihrem Thran an Bord, und ließ in Hull

Uns landen! — Leid nur ist's mir um die Takelage
Der armen Victory! — und die Nordwestpassage? —
Still, Burschel stichelt nicht, und sucht sie selber! — Pah! —
Besteht sie, werden sie die Briten, allen Winden
Und allem Eis zum Trotz, zu rechter Zeit schon finden! —
Grog, Jenny! Leute trinkt! und: Rule Britannia!

Kreuzigung.

Drei neue Schädel auf der Schädelstatt! —
Die Sonne sengt den Thalgrund Josaphat;
Aufschreit der Sand, daß ihn der Kidron wasche
Ein Wirbelwind entführt der Ebne Staub;
Er streut ihn aus auf der Olive Laub:
Der Oelberg steht in Sack und Asche.

Wir aber schreiten zitternd (ich und du,
Der du dies liesest!) jenem Hügel zu,
Auf dem ein Gott am Holze sich verblutet!
Wir gehn ihm nach auf seinem letzten Gang;
Wir gehn gebeugt den Leidensweg entlang,
Bis wo die Menge seinen Tod umfluthet!

Fort durch die Stadt! — Sieh' da, des Prätors Haus! —
Blut auf dem Boden! — Grüß' es weich' ihm aus!
Denk' an die Geißel und die Kron im Haare! —

Platz! — schon die Römer! funkelnd Speer an Speer! —
Meide den Mann hier: — das ist Ahasver!
Er stürzt vorbei — hinunter in die Jahre!

Rasch! — hier durch's Thor! — bergauf nun! — wir sind d
Dort stehn die Kreuze! dies ist Golgatha!
Du hebst die Blicke? meine senkt das Grauen!
Sie schweifen unstet um der Kreuze Fuß —
Da, was für eigne Kriegsgesellen muß
Am Mittelkreuz mein irrend Auge schauen?

Das ist kein Volk vom Saum des Tiberstroms;
Das sind Judäas Augen nicht, noch Roms
Keck in die Feldschlacht ragende Profile!
Ihr wallend Haar ein gelblich grau Gemisch,
Die Augen blau, die Wangen braun und frisch —
Sie haben sich gesetzt zum Würfelspiele.

Um einen Mantel sitzen sie im Kreis.
Drauf würfeln sie; er selbst auch ist der Preis,
Der Mantel Christi, drum sie hastig knöcheln.
Komm, laß uns lauschen, was sie reden nur!
Rauh dringt ihr Fluch sich, ungeschlacht ihr Schwur
In leises Seufzen, schmerzenvolles Röcheln.

„Sechs, fünf und vier! Gut sind sie!" — Ha, ihr Wort
Ist wie ihr Haar! Es zeugte sie der Nord!
Germanen sind's! — „Das ist 'ne heiße Wache!
Verruchtes Syrien!" — „Drei und eins und zwei!" —
Vom Kreuze nieder tönt ein matter Schrei —
Der Würfler drauf: „O Schlacht am Knochenbache!

„Wißt ihr es noch? Mir däucht es fast wie heut:
O frisches Buchenwehn vom Berge Teut!
O kalter Luftzug durch des Winfelds Pässe!
Gepeitscht vom Regen, trug sein dampfend Pferd
Den Hermann uns — Varus fiel in sein Schwert —
Schon die Erinnrung kühlt in dieser Esse!

„Fünf, drei und eins!" — Leis von des Kreuzes Stamm
Ruft es: „Mich dürstet!" — „Reich' den Essigschwamm
Auf deinem Speere des Rebellen Munde!
Drei, drei und zwei! Wohl freut dich Winfeldschlacht
In Syrien noch — doch hast du auch gedacht
Des Schlachtenloses einer spätern Stunde?

„Da sprach der Römer: Feld und Tag ist mein!" —
„Heut noch mit mir im Paradiese sein
Wirst du!" erschallt es tröstend über ihnen. —

„Hermann geschlagen, Kriegsgefangne wir!
Thusnelda, schwanger, des Triumphes Zier!
So kam's, daß wir in Roms Cohorten dienen!

„Da! wie viel ist's, was der da drüben schmeißt?" —
„In deine Hände, Vater, meinen Geist
Befehl' ich!" — „Sechs, und Sechs, und Sechs zum britten!
Den Mantel her! Mein das Rebellenhemd!" —
Er wirft es um, dasteht er wild und fremd —
Der Mann am Kreuz indeß hat ausgelitten.

Auf zu dem Bleichen schaut der Legionär.
Er spricht: „Schon todt?" und öffnet mit dem Speer
Des Todten Seite. — Solltest du es sagen,
Daß dieser Jude hoch am Blutgerüst,
Daß dieser Deutsche, der sein Henker ist,
Hinfort vereint die Weltgeschichte tragen? —

Nun Finsterniß! — Komm, leih' mir deinen Arm!
Die Erde bebt! bergunter flieht der Schwarm!
Die müssigen Schauer alle sind zerstoben!
Bergab, bergab die Juden ohne Zahl!
Auch Roma's Adler wankt hinab in's Thal —
Christ und sein Wächter einzig bleiben oben!

Auf seinen Speer, den tröpfelnden, gestützt,
Mit Jesu Blut den nerv'gen Arm bespritzt,
Sieht Rom und Juda ziehn der Veterane.
Der alten Zeit nachstarrt er narbenvoll,
Der eine neue bald erschaffen soll: —
In Christi Mantel der Germane!

Das Hospitalschiff.

Durch der Themse flaggenden Mastenwald
Sieh' das Fahrzeug drüben, morsch und alt!
Seine Planken duften wie Sargesharz;
Der Wimpel, den es führt, ist schwarz.

Kurze Zeit, da schaut' es anders drein!
Durch die Meere warf es Funkenschein!
'S ist ein Linienschiff, das Schlachten schlug,
Vierundachtzig Kanonen und Nelson trug.

Und nun? — Keine Raa, kein Segel mehr!
Die Campagne stumm, der Mastkorb leer!
Invaliden schleichen, Seufzer wehn,
Wo die Trommel ging zu Schußgedröhn!

Denn der Enter ward ein Krankenschiff: —
Wie vom Schwert zum Scherz der Templer griff,
So vom Schiff, das trug den Admiral,
Ward die Kriegsfregatte zum Spital.

Ward der Flotte schwimmend Lazareth;
Im Kanonenraume Bett an Bett!
An der Decke schwebender Ampeln Schein!
Auf den Pfühlen bleiche Kriegerreihn!

Eine düstre Schaar! — Sie athmen schwer! —
Von der Heimath fiebern sie, vom Meer! —
Mit des Fiebertraums phantast'schem Flug
In die Fremde schweift ihr farb'ger Zug!

Kecke Söhne jeder Zone sind's!
Von der Newa Borden und des Sinds,
Von den Höhn, wo Maul und Lama geht,
Hat der Wind zusammen sie geweht!

Ihre Stirnen glühn! — Die See! — Die Welt! —
Obeliskentrümmer, Blockhaus, Zelt!
Karavanenhufschlag, Wellenschlag! —
Wo ihr immer fahrt, ich fahr' euch nach!

Nach denn! — Aufrichtet sich der Mohr;
Die sehnigen Arme reckt er empor.
Sein letzter Fiebertraum erwacht:
„In den Sattel! fort, zur Löwenjagd!"

Der Finne starrt in der Ampeln Gluth:
„Aus den Wolken trieft es herab wie Blut!
In der Mitternachtsonne Scharlachstrahl
Seine Tannen sonnt das Torneo-Thal!"

Hart dran, auf weißem Leinwandpfühl,
Ein gebräuntes, feckes Südprofil;
Das Auge Gluth, die Lippe Brand —
Ein Spanier ist's vom Duerostrand.

Mit dem rollenden Auge, das bald nun bricht,
Wild lechzt er an sein Traumgesicht: —
In des spanischen Himmels prächtig Blau
Mit der Thurmfaust greift des Alhambra Bau!

Der Springbrunn plätschert, die Rose glüht!
Castagnettenschlag und Mädchenlied!
Schwarze Locken blitzen im Sonnenschein,
Der Fandango zittert ihm durch's Gebein. —

Und nun Gesang! Ein Sohn der Krimm!
Er sagt zu seinem Pferde: schwimm! —
Er peitscht es durch die schwüle Trift,
Die der Pilger auf dem Kameel durchschifft.

Er spornt und peitscht es durch den Don;
In der Steppe rauscht ein Röhrenbronn.
Wo die Russin füllt den irdnen Krug,
Da hemmt er seines Thieres Flug.

Nach Odessa's Wimpeln muß er fort;
Einen Kuß, ein Lied, ein Abschiedswort!
An der Hürde Thor, am Schwemmeteich
Eine Weise singt er, wild und weich.

'S ist ein donisch Lied, ein Lied aus Moll,
Der Klage voll und der Sehnsucht voll.
Es durchbohrt die Brust wie Schwertesstich,
Der Sterbende singt es schauerlich.

Es bebt und zittert durch's Gemach;
Den Chinesen drüben zittert es wach.
Er öffnet des Auges engen Spalt:
„Wie dumpf der Porzellanthurm schallt!"

Der Hindu fährt empor und lauscht:
„Wie die Gangeswelle murmelnd rauscht!
Wie so stolz ihr Haupt die Palme wiegt!
Wie das Kleid der Bajadere fliegt!"

Der Brasilianer hebt die Hand:
„Die Wellen schlagen hart an's Land!
Mit zischender Zunge leckt die See
Die Quadern von Janeiro's Quai!" —

Bajadere, Steppe, Wogenschaum!
Ueber jedem Pfühl ein andrer Traum!
Aus der lodernden Köpfe jedem quillt
Und tritt in die Nacht ein ander Bild!

O, ihr Flammen all' aus Nord und Süd,
Die durch zwanzig Schädel wild ihr sprüht,
Laßt euch bannen! funkelnd steht geschaart,
Ein Orbis pictus seltner Art!

An die Küsten schlage, Fluthgespritz!
Durch die Tannen leuchte, Schneefeldblitz!
Ueber'n Ganges weh', Banianenlaub!
In den Niger wirf dich, Wüstenstaub!

!
In die Pulverkammer, fremd Geschlecht!
Mit den heißen Stirnen in's Gefecht!
In Alt-Englands Nebel schleudre glüh
Die Granate Fieberphantasie!

Mit der berstenden Kugel prächt'gem Brand
Reck erobre dir dein Heimathland!
Die Fregatte sei von ihr durchzischt,
Bis — auf Sterbebetten sie erlischt!

Bis sie flackernd springt! Schon ist's geschehn!
Sie verglüht mit Zucken und Gestöhn.
Die Gefall'nen ruhn im Todtenhemd,
Ihre Fäuste starr und zugeklemmt!

Ihre siebenden Schläfen kalt wie Eis!
Ihre Schädel ausgelodert! — Sei's!
Daß den Mund ein Lächeln euch umspielt,
Verkündet, daß ihr als Sieger fielt!

Daß die Küste wieder ihr errangt,
Wo ihr scheidend in den Nachen sprangt,
Daß den Anker träumend ihr gesenkt,
Wo zum Abschied ihr den Hut geschwenkt!

Den Matrosenhut, den Schifferhut! —
Die Fregatte schwankt, aufbraust die Fluth;
Vor den Särgen salutirt die Wacht,
Das Boot stößt ab, die Salve kracht.

In der Themse schwellenden Rosenbord
Ihre Kinder betten Süd und Nord!
O ihr Maienglocken, spendet Duft: —
Eine frische Nationengruft!

Ha, beträte jetzo jeder Stamm,
Der sie zeugte, diesen Uferschlamm,
Und erhübe die Todtenklage bang:
Welch ein Ort wohl hörte gleichen Sang?

Ein entsetzlich Lied! — die Gurgeln schwellt's!
Rabowessisch und malaiisch gellt's!
Einen Weltschrei, der die Brust zerreißt,
Hör' ich's zittern durch die Nacht im Geist! —

Hört ihr's auch, ihr Träumer tief im Moor?
Keine Antwort! — Flüsternd klagt das Rohr!
Fern herüber Londons Brausen schallt,
Ueber'n Strom der schwarze Wimpel wallt.

Freistuhl zu Dortmund.

(Zur Einleitung des „malerischen und romantischen Westphalens.")

Glod, Stein, Gras, Grein.
Lösung der Vehme.

Dies sind die Linden; — beide morsch und alt!
Rechts die zerbarst: — sie klafft mit jähem Spalt
Auf von der Wurzel bis zur Splitterhaube.
Weit aber greift sie mit den Aesten aus;
Fast wie die Schwester prangt sie grün und kraus,
Und schmückt die Stirn mit frühlingsfrischem Laube.

Dies ist der Tisch; — hart unter'm Lindenpaar
Erhebt er sich; — du kannst des Reiches Aar
Zur Stunde noch auf seiner Platte schauen.
Der Stadt des Reiches flog sein Adler vor;
Hier auf dem Tische, dort auch über'm Thor
Und in den Kirchen weist er seine Klauen.

Ein todt Gethier; — der Welschland überflog,
Um Syriens Palmen kühne Kreise zog,
Das heil'ge Grab und Golgatha beschirmte,

Der mit dem Wappenleu'n Castilia's
Auf Einem Deck, auf Einer Flagge saß,
Und durch die Wälder der Kajiken stürmte: —

Die Zeit erlegt' ihn! — Steine sind sein Pfühl!
Wer weckt des Kaisers trotzig Federspiel?
Im Steine träumt es, wie der Fall im Ringe. —
Sein Träumen aber? — Schlachtfeld und Gelag,
Blutbann und Blut: — auf diesem Tische lag
Das nackte Schwert einst und die Weidenschlinge.

O, träume zu! — der Wandrer stört dich nicht!
Und doch — auch er will hegen ein Gericht!
Er weiß das Wort; er ist befugt, zu schlichten!
Ein neuer Freigraf tritt er kühn heran;
Sein Auge blitzt: — In rother Erde Bann
Die rothe Erde selber will er richten!

Sein eigner Frohne schritt er durch das Land!
Er that den Schlag an jede Trümmerwand,
Er hieb den Span aus jeder Thurmespforte,
In Burg und Kloster flog sein Ladungsbrief,
Um Mitternacht zu dreien Malen rief
Auf jedem Kreuzweg dräuend er die Worte:

„Horch auf! — die Ladung! — du verschrie'ner Strich,
Land meiner Väter, ich berufe dich!
Keck vor dem Stuhle laß dein Banner strahlen!
Wie Forst und Strom und frischgepflügtes Land
Dreifarbig schimmern lassen dein Gewand,
Grün, weiß und schwarz — so stelle dich, Westphalen!

„Du bist vervehmt, es ruht auf dir die Acht,
Es hat das Reich dich in Gerücht gebracht;
Begegn' ihm stolz! was schlummerst du am Herde?
Die Rüger harren — rings die Lande sind's!
Sie rufen laut: das Fohlen Wittekinds,
Ein Schlachtroß weiland, sank zum Ackerpferde!

„Nicht schallt sein Wiehern wild mehr in Gefecht;
Nicht zäumen Freiherr mehr und Edelknecht
Sein trotzig Haupt zu ritterlichem Stechen.
Sein Aug' ist glanzlos, und sein Mund ist stumm;
Auf öden Haiden treibt es sich herum,
Und weidet träg an namenlosen Bächen.

„Auf seinem Nacken herrscht ein rauher Stamm;
Er treibt es ab auf steiler Berge Kamm,
Er läßt es träumend über Moore schwanken.

Zahm und geduldig schirrt er's vor den Pflug;
Des gelben Haarrauchs dunstig Nebeltuch
Umweht als Decke flatternd seine Flanken.

„Wo sich der Thorweg hebt, von Rauch gebräunt,
Vom grünen Eichkamp sasslich noch umzäunt;
Wo des Gehöftes Halmendächer ragen;
Wo, von dem Kranz der Pilgerin umweht,
Der Schrein des Heil'gen dicht am Wege steht,
Da lebt es dumpf, und hat verlernt das Schlagen! –

„Kannst du es hören? — In den Klageruf,
Der dich befehdet, donnert nicht dein Huf? —
O, jag' heran, laß deine Mähne fliegen!
Mit deinen Eideshelfern: Berg und Fluß,
Tritt vor den Richter, der dich richten muß,
Und übersieh'ne deiner Feinde Rügen!

„In ihr Gescheit und in ihr lautes Drohn
Mische des Felsbachs und der Quelle Ton,
Die um das Eisen deiner Hufe lecken!
Wirf ab die Hülle — deiner Thale Duft!
Laß deine Berge steigen in die Luft,
Wie Zeugenfinger, die zum Schwur sich recken!

„Laß deine Wälder flüsternd dich umwehn,
Laß deine Klippen dir zur Seite stehn,
Laß deine Burgen sich in's Stromthal neigen!
Laß deiner Dome farb'ge Scheiben glühn,
Laß deiner Gilden alte Pfeile sprühn —
All' deine Helfer, laß sie nahn und zeugen!

„Mein Ruf gilt allen, ernst und ritterlich!
Durch deine Pforte, blaue Weser, brich,
Und fluthe sanft um deine Buchenhügel!
Die Heerde blökt, das weiße Segel schwillt,
Auftaucht die Stadt — o so, wie einen Schild,
Zeige den Klägern deinen Wellenspiegel!

„Und ihr, geröthet von der Hämmer Gluth,
Als färbte Zornesfeuer eure Fluth,
Umblitzt von Schlacken und geschwärzt von Kohlen —
Ruhrstrom und Lenne, wild und mit Gebraus
Vernehmt die Rüge! schäumend tretet aus,
Die Schmach zu waschen von Altsachsens Fohlen!

„Dann ihr im Sande! — Springt und wühlt euch durch!
Frisch durch den Schutt der Tempelherrenburg!
Frisch durch der Senne borniges Gestrippe!

Laßt Waffen reden: — an das Ufer werft
Haſtatenſchwerter, die einſt Rom geſchärft!
Laßt eure Schädel reden, Ems und Lippe!

„Und nun ihr Berge, ſteil und laubbekappt!
Wie ihr voll Trotzes euch gelagert habt
Rings an der Flüſſe kieſigen Geſtaben;
Wie euch umtönt des Habichts kurzer Schrei,
Wie euch durchbricht des Hirſches braun Geweih:
So kommt und zeugt, und ſo auch ſeid geladen!

„Nicht ihr allein: — auch was auf euch gebaut!
Die von den Bergen ihr hernieberſchaut,
Grauſtirn'ge Mahner dem Geſchlecht im Thale,
In eurer Trümmer moosbewachsner Pracht
Hört meine Stimme ſchallen durch die Nacht,
Burg und Kapelle, Schloß und Kathedrale!

„Und euch auch mein' ich, morſche Bilder ihr!
Sei's unter Harniſch, Helmbuſch und Viſir,
Sei's mit der Inful und dem Hirtenſtabe,
Verſehrt vom Regen und vom Wetterſtrahl —
Verlaßt des Münſters und der Burg Portal,
Und ſchreitet her, umkreiſ't von Dohl' und Rabe!

„Wandeln die Steine, mag das Erz auch nahn!
Weithin erglänzt es: — Male ruf' ich an
Der Patrioten und der Volksbefreier!
Das Schwert in Händen und die „Phantasten,"
Legt ab eu'r Zeugniß: Möser und Armin!
Du schon erhöht, — du noch im Essenfeuer!

„Und du zuletzt, der Alles inne hält:
Wald und Gebirge, Strom und Ackerfeld,
Aus deinen Häusern komm, aus deinen Hütten!
Ob du verdienst des bösen Leumunds Schmach,
Zeig' es dem Stuhle, kräft'ger Menschenschlag,
Einfach von Wesen, schlicht und derb von Sitten!

„Laß dich erschaun, wie du die Hand mir drückst,
Wie an den Herd du meinen Sessel rückst,
Wie du mich bittest: Iß, als wär's dein eigen!
Wie du der Väter Brauch und Vorgang ehrst,
Wie du den Stahl reckst und die Erndte fährst,
Wie du dich schwingst im lust'gen Schützenreigen!

„Ich lad' euch vor, ich lad' euch allesammt!
Die Nacht ist um, die Morgenröthe flammt;
Das Schwert ist nackt, der Schöffenkreis geschlossen!

Er ist mein Volk! Er steht und wartet still,
Dem Munde lauschend, der euch richten will,
Baarhäuptig stehn sie, meine Vehmgenossen!" — —

So scholl sein Ruf! Die Ladung ist geschehn!
Und jetzo harrt er, wo die Linden stehn;
Die Sonne wirft ihr Streiflicht durch die Blätter.
Wohin er schaun mag, Licht und Leben nur!
Vor ihm des Hellwegs reiche Aehrenflur,
Und über ihm des Lerchenlieds Geschmetter!

Und dort die Mauer, zackig einst umzinnt,
Die Reinold schützt, das kühne Heymonskind,
In die er einzog, eine blut'ge Leiche!
Auf der, ein licht und strahlend Heldenbild,
Er oft erschienen ist mit Schwert und Schild,
Und abgewehrt hat der Belagrer Streiche! —

Die Sage bringt, das Leben auf ihn ein! —
Die er berief, sie nahn in dichten Reihn;
Durch seine Seele dröhnen ihre Schritte.
Er hört des Fohlens trotzig Hufgepoch;
Die Sonne blitzt — so saß kein Richter noch
Auf diesem Stuhl in der Gelad'nen Mitte!

Und so denn freudig hegt er sein Gericht!
Den Boden wechselnd, die Gesinnung nicht,
Wählt er die rothe Erde für die gelbe!
Die Palme dorrt, der Wüstenstaub verweht: —
An's Herz der Heimath wirft sich der Poet,
Ein Anderer und doch Derselbe!

Auf dem Drachenfels.

1839.

Hoch stand ich auf dem Drachenfels;
Ich hob die Hand, ich biß die Lippen.
Mein Jagdhund, freudigen Gebells,
Schlug an im Wiederhall der Klippen.
Er flog hinab, er flog hinan,
Er flog, als ob ein Wild ihm liefe;
Ich aber stand, ein froher Mann,
Und bog hinab mich in die Tiefe.

In seiner Trauben lust'ger Zier,
Der dunkelrothen wie der gelben,
Sah ich das Rheinthal unter mir
Wie einen Römer grün sich wölben.
Das ist ein Kelch! — Die Sage träumt
An seinem Rand auf moos'ger Zinne;
Der Wein, der in dem Becher schäumt,
Ist die Romantik, ist die Minne!

Ha, wie er sprüht: — Kampf und Turnier!
Die Wangen glühn, die Herzen klopfen!
Es blitzt der Helm und das Visir,
Und schöne, frische Wunden tropfen!
Und hoch im Erker sinnend steht,
Vor der sich senken alle Fahnen; —
Was bin ich so bewegt? — was weht
Durch meine Brust ein sel'ges Ahnen?

Rolandseck.

(Aufruf zur Wiederherstellung der eingestürzten Ruine, Januar 1840.)

1.

Es war ein Tag um die Drei-Königs-Zeit;
Der Rhein trieb Eis, die Gegend war verschneit.
Ich sah zu Haus die Weihnachtskerzen schimmern.
Dann in die Domstadt führte mich mein Schritt;
Die Schellenkappe trug ich lachend mit,
Und kehrte heim anjetzt zu meinen Trümmern,

Die wild und trotzig, wie aus Fels gehauen,
Hoch vom Gebirge mir in's Fenster schauen
Aus ihren Tannen und aus ihren Eichen;
An deren Fuß den meinen ich gesetzt,
Und einen Herbst an ihm verlebt bis jetzt,
Wie ich zuvor verlebte keinen gleichen.

'S war auf der Post; kalt pfiff es über'n Rhein;
Ich hüllte mich in meinen Mantel ein;
Ich strich den Reif aus meinen Schnurrbarthaaren.
Mir gegenüber saß ein ernster Mann;
Er sprach: „Der Winter läßt sich grimmig an!
Für mich der erste jetzo seit fünf Jahren!"

Er kam aus Algier! — Auf dem Atlas stand
Und schaut' er um sich; — über blut'gen Sand
Schritt er einher, ein blutbedeckter Sieger!
Dann schifft' er über in das Land des Cid,
Schoß sich herum im Thore von Madrid —
Es war ein ernster, ein geprüfter Krieger!

Er sah zerbröckelnd auf den Pyrenä'n
Der Navarreser alte Burgen stehn;
Er band sein Roß an ihre morschen Bögen;
Was Castilianer und was Maure schuf,
Er ließ es hören seinen Kriegesruf;
An Burgos' Prachtthor lehnt' er seinen Degen.

Der Rhein? — Seit heut erst kannt' er seinen Lauf! — ·
Losbrach mein Stolz — ich stieß ein Fenster auf:
'S war Godesberg — ernst sah es in den Wagen.

Fort, Postillon! — Und nun das Fenster da!
Der fremde Krieger sagte staunend: Ha!
Den Fels des Drachen sah er steilrecht ragen.

Fort, Postillon! — Die Rollen sind getauscht!
Der Deutsche redet und der Spanier lauscht!
Dort Rolandseck schon! — Von des Rheines Wogen
Zur andern Seite wend' ich schnell den Blick; —
Ich schau' empor; — ich fahr' entsetzt zurück: —
O Gott, o Gott, verschwunden ist der Bogen!

Wie Fieberschütteln hat es mich gepackt;
Der Bogen fort; die Streben stehen nackt
Und fröstelnd da im kalten Flockenschimmer.
Schaut hin, ihr Andern! — Ist's ein Gaukelspiel? —
Nein! — Wo des Ritters stille Thräne fiel,
Da fiel er nach: — die Trümmer fiel in Trümmer!

Ich wußte nicht, daß es der Sturm gethan. —
Fort, Postillon! — Die Pfeiler sah ich an
Ein einzig Mal noch; — ach, ihr Stolz gebrochen!
Auf Nonnenwerth die Linden rauschten hohl;
Bis ich dem Fremden sagte: Lebewohl!
Hab' ich kein Wort im Wagen mehr gesprochen.

2.

Wollt ihr erschauen, was ich selber sah?
Es liegt an euch! — Ich stehe bittend da,
Ich schreit' am Rheine mahnend auf und nieder.
Ein Knappe Rolands, eil' ich durch das Land;
Den offnen Helm in ausgestreckter Hand,
Ruf' ich euch zu: Gebt ihm den Bogen wieder!

Todt ist sein Roß, das über's Meer ihn trug!
Wo jetzt das Schwert, das seine Feinde schlug,
Das er geführt mit beiden starken Händen?
Wo blieb sein Goldschild, der Turniere Schreck?
Wo Sporn und Harnisch? — Rings auf Rolandseck
Nichts zu versetzen mehr und zu verpfänden!

Des Ritters Gut, von bannen trug's der Wind!
Ich selbst bin arm, wie es Poeten sind!
Roland und ich, wir bauen keine Streben!
So wieg' ich sinnend denn mein einsam Haupt;
Aus meiner Laute, die ich stumm geglaubt,
Erschallt ein Griff: I h r sollt den Schutt erheben!

Rings auf den Märkten und den Bergeshöhn
Laßt eh'rne Bilder funkelnd ihr erstehn;
Ein Denkmal prangt, wohin der Blick sich wendet!
Ihr schmückt den Altar und das Gotteshaus,
Ihr bauet Thürme, führet Dome aus,
Die uns die Vorzeit nachließ unvollendet!

Hier ist kein Dom, kein Monument, kein Thurm!
Nur eine Trümmer schützt mir vor dem Sturm!
O, schützt den Rest von Rolands grauer Halle!
Die letzten Steine rüttelt wild der Nord;
Im dürren Epheu rauscht es fort und fort:
O, schützt und wehrt, daß ich nicht ganz zerfalle!

Und flüsternd klagt es auf dem Nonnenwerth:
Weh', daß auch dich die grimme Zeit zerstört!
O, baut den Bogen, baut ihn mir auf's Neue!
Daß ich die Stätte fürder schauen kann,
Wo er am Fenster stand, ein bleicher Mann,
Ein ernstes Bild der echten Mannestreue. —

O, laßt die Mahnung nicht vergebens sein!
Ich steh' und heische: Jeder einen Stein!
Es gilt dem Ritter und es gilt der Nonne!

Es gilt der Liebe und es gilt der Treu'!
Greift euch an's Herz, die ihr mich hört! — Herbei,
Daß neu der Bogen funkle in der Sonne!

Gedenkt der Zeiten, die ihr oben wart!
Der still und einsam, Jener bunt geschaart,
Der an der Braut, der an des Freundes Arme;
Der auf den Rhein, der in die Ferne späh'nd,
Der tief und heiß in schöne Augen seh'nd,
Der düstern Blickes und „mit stummem Harme!"

Denkt an die Feuer, die bei dunkler Nacht
In der Ruine flackernd ihr gefacht!
Denkt an die Blumen, die ihr oben pflücktet!
Denkt an die Becher, die ihr dort geschwenkt!
Des Drucks der Hand — und auch der Thräne denkt,
Die ihr dort oben ungestüm zerdrücktet!

Wem hat das Auge keine je genäßt?
Wer hat kein Lieb an seine Brust gepreßt?
Wer kennt kein Scheiden und wer kennt kein Meiden?
Beglückt, entsagend — wo und wer ihr seid,
Denk an des Ritters und der Nonne Leid!
Baut auf die Trümmer, setzt ein Denkmal Beiden!

Noch einmal ruf' ich: Jeder einen Stein!
Ich will des Ritters Seckelmeister sein!
O, ehrt des Rheines wunderbarste Sage!
Bei Lieb' und Schwur, bei Poesie und Kuß,
Hört meine Mahnung: Euren Obolus!
Bringt euer Felsstück — Rolands Bogen rage!

Baurede für Rolandseck

Juli 1840.

Nun, Meister und Geselle,
Verlaßt mir das Gerüst!
Legt ab nun Schurz und Kelle,
Ruht aus zu dieser Frist!
Umsonst nicht kam geflogen
So mancher gute Stein:
Vollendet steht der Bogen,
Und spiegelt sich im Rhein!

Hinunter nun die Stangen,
Die schlank den Bau umstehn!
Ich hab' ein groß Verlangen,
Die Trümmer frei zu sehn!
Frei soll sie stehn und ragen
Und steigen himmelan,
Damit sie laut es sagen
Und es bezeugen kann:

„Es fuhr durch meine Reste
Der Sturm der Winternacht;
Da sank an mir das Beste:
Des Bogens alte Pracht.
Der keck von einer Strebe
Zur andern übersprang,
Anschnob durch Busch und Rebe
Der Nordwind ihn; — er sank!

„Da kam des Wegs ein Wandrer,
Ein dreist Poetenblut.
Der sprach: Hier schweig' ein Andrer!
Hier heißt es: laut und gut!
Hier heißt es: gib den Winden
Ein frisch, ein fliegend Blatt:
Es wird den Weg schon finden,
Den es zu fliegen hat! —

„Und frisch und laut und brausend
Erhub sein Lied sich gleich:
Das war von vielen tausend
Sein jüngster dummer Streich!
Er warf mit dreisten Würfen
Durch's Rheinland sein Gedicht;
Nach Mögen und nach Dürfen
Frug er im Eifer nicht.

„Er dacht' in seinem Sinne:
Der Berg ist herrenlos;
Um Rolands graue Zinne,
Da wuchert Kraut und Moos.
Bald wird sie ganz zerbröckeln,
Wenn du sie nicht verjüngst,
Wenn aus des Volkes Säckeln
Du keinen Mörtel singst!

„Des Volkes ist die Sage,
Es gab das Volk sie kund;
Drum, Rolands Bogen, rage
Durch Volk und Dichtermund!
O Freude sonder Gleichen,
O Freude seltner Art,
Wenn so ihr Mal und Zeichen
Die Sage sich bewahrt! —

„So waren seine Träume,
Und so war sein Geschick:
Auswarf er seine Reime,
Goldregen kam zurück;
Von Dank und Gruß und Spende
Scholl weit das Land umher,
Des Gebeus war kein Ende,
Sein Helm blieb nimmer leer.

„Und alles war zur Stelle,
An Mörtel fehlt' es nicht,
Bereit schon lag die Kelle —
Da scholl ein dumpf Gerücht:
Du treibst uns schöne Sachen,
Schütt' aus nur deine Truh'!
Für Rolands Burg zu wachen,
Steht einer Fürstin zu!

„So war's! — der Dreist' und Frohe,
Er trieb es allzu keck!
Sein Lied vergaß die hohe
Burgfrau von Rolandseck.
Doch die, als er nun schlichtern
Bereute, sprach ein Wort:
Begeistrung ziemt euch Dichtern,
Steh' auf und baue fort!

„Du mit des Rheines Spenden
Vollende frisch dein Werk!
Ein andres zu vollenden,
Mir sei es Augenmerk!
Ich lasse gern mir schenken,
Was ihr dem Ritter schafft;
Ich will indeß gedenken
Im Thal der Burgmannschaft!

„Am Fuß von Rolands Berge,
Da wohnt ein arm Geschlecht,
Schiffszieher nur und Ferge,
Bootsknecht und Ackerknecht.
Der Schul' am Ufer gerne
Aufschließ' ich meine Truh',
Daß man vom Roland lerne,
Und Anderes dazu! —

„Da hoben sich die Stangen,
Da schaffte Fuß und Hand!
So ist es zugegangen,
Daß neu ich auferstand!
Der Tuffstein zum Basalte —
So stieg ich schroff und rauh;
Mit Riß und Mauerspalte
Beherrsch' ich neu den Gau.

„Und so nun ist geschlichtet,
Was ein poetisch Blut
Vorwitzig angerichtet
In Hast und Eifermuth.
Gelegt ist jede Irrung
Um Rolands morsches Thor;
Aus Unruh und Verwirrung
Ging Herrliches hervor!" —

So soll die Trümmer zeugen,
Mit Epheu grün umwebt;
Soll auf das Schulhaus zeigen,
Das bald im Thal sich hebt!
Hinab drum mit den Stangen,
Die schlank den Bau umstehn!
Es faßt mich ein Verlangen,
Den Bogen frei zu sehn!

Doch, Meister und Geselle,
Nicht eher vom Gerüst,
Als bis auf hoher Stelle
Ein Spruch gesprochen ist!
Die Gläser hebt, die Kannen,
Drei Worte sind genug:
„Das Rheinland Mariannen!" —
Das ist der Zimmerspruch! [1]

---

[1] Möge hier auch das Vorwort zu des Verfassers damals erschienenem „Rolands-Album" eine Stelle finden.

„Wer den Aufruf und die Vorrede gelesen hat, kennt die Geschichte des eingestürzten und wieder aufgerichteten Schwibbogens der Ruine Rolandseck. Nichts desto weniger, um ein- für allemal sämmtlichen Mißverständnissen zu begegnen, die über die Sache im Publikum obgeschwebt haben, und vielleicht noch obschweben, scheint mir eine kurze Darstellung des Hergangs in ehrlicher Prosa wünschenswerth. Lesern, die dem Rheine fern wohnen, ist sie's möglicher Weise doppelt.

„Die Sache verhält sich so: Der Bogen stürzte in der stürmischen Nacht vom 28. auf den 29. December v. J. ein, und mit ihm verschwand einer der Anhaltspunkte an die schönste und innigste Sage des Rheines. Das poetische Moment des Ereignisses ergriff mich, und ohne lange zu überlegen, ob die Ruine nicht vielleicht Privateigenthum sei, ließ ich meinen Aufruf zur Wiederherstellung der Trümmer in Nr. 12 der diesjährigen Kölnischen Zeitung abdrucken. Der Erfolg übertraf meine Erwartung. Von allen Seiten kamen Spenden, freundliche Stimmen aus der Nähe und Ferne riefen mir Beifall zu, und unbekannte schöne Hände sogar verschmähten es nicht, den Helm des „Rolandsknappen" mit Kranz und Band zu schmücken, oder buntgestickte Seckel an sein Wehrgehenk zu befestigen. Ich kam mir vor wie der siegende Troubadour eines Blumenspiels, ich war sehr glücklich.

„Da erfuhr ich plötzlich, die Ruine sei ein Privatbesitzthum der Prinzessin Wilhelm von Preußen Königlichen Hoheit, und nun verstand es sich von selbst, daß ich meine Sammlung einstelle und der hohen Frau, in deren Eigenthumsrechte ich mir unwissend einen Eingriff erlaubt hatte, den weitern Verlauf der Sache anheimgab. Und auch hier war mir das Glück günstiger, als meine Voreiligkeit es verdient hatte. Der huldvolle Endbeschluß Ihrer Königlichen Hoheit fiel dahin aus, daß es mir erlaubt sei, den Bogen mit den eingegangenen Beiträgen wieder aufzurichten, wogegen sich die just im Bau begriffene Schule des benachbarten Dörfchens Rolandswerth der Gabe eines ansehnlichen Dotirungsfonds Seitens Ihrer Königlichen Hoheit zu erfreuen haben solle, — Letzteres, damit doch auch die Besitzerin der Ruine Gelegenheit habe, ihre Anhänglichkeit an „ihr liebes Rolandseck" irgendwie werkthätig an den Tag zu legen.

„So war denn Alles gut, und Mehr und Besseres war aus meinem unbedachten Eifer hervorgegangen, als ich's mir je hätte träumen lassen. Mit den Arbeiten am Bogen wurde unverzüglich der Anfang gemacht.

Herr Bauinspector Zwirner, der treffliche Wiederhersteller des Kölner Doms, hatte die Freundlichkeit, ihre Leitung zu übernehmen. Pfingsten begann der Bau, und heute ist er so gut wie vollendet. Der Eindruck, den die Restauration macht, ist durchweg ein würdiger, befriedigender. Die Streben, stellenweise nur verstärkt, um die Wucht des neuen Bogens dauernder tragen zu können, sind ganz die alten geblieben, und was den Bogen angeht, so ist dieser, zum größten Theil aus dem identischen Material des eingestürzten, in so trefflicher Weise ausgeführt worden, daß es nur des Regens und des Wetterschlags einiger Jahre bedarf, um auch ein kundigeres Auge rücksichtlich seiner Entstehungszeit irre zu führen. Ein minder kundiges übersieht schon jetzt den modernen Zuwachs. War ich doch selbst vor ein paar Tagen Zeuge, wie eine junge Engländerin sorgfältig ein Steinchen von der kaum gemauerten Verstärkung des westlichen Pfeilers losbröckelte, es der älteren Gefährtin mit den Worten: "I have a piece!" triumphirend vorwies, und es dann, wahrscheinlich zum Mitnehmen über den Kanal, wohl eingewickelt ihrem Reisekörbchen anvertraute. Ich mußte lächeln, aber es war mir doch eine Freude. Es sind ja nicht die Steine, es ist ja nicht der Kalk und der Traß: die gezackte Form des Bogens, die Fensterbrüstung, die herabsieht auf Nonnenwerth — sie sind es, die die Sage festhalten, die den Rahmen bilden für die bleiche, trauernde Gestalt, die den Ort geheiligt hat. Laßt nur noch ein paar Jahre durch's Land gehn. Sturm und Schnee und Schlossen, Moos und Epheu und Farrenkraut werden schon das Ihrige thun. Was gilt's, es wird der alte Bogen wieder, grau und ernst und von der Glorie des Alterthums umschimmert, wie weiland! Wer weiß, wie oft und aus wie gelehrtem Munde es einst noch schallen wird: "I have a piece!" —

„Soll ich noch ein Wort über die Entstehung dieses Büchleins hinzufügen? Es erscheint zum Besten der Ruine — das erklärt und entschuldigt. Dem Besteiger von Rolandseck ist es vielleicht kein unwillkommner Genoß, sonst macht es keine Ansprüche auf einen Werth, den es nicht hat. Die Auswahl war eine leichte Sache. Neu und interessant, auch für den ernsteren Forscher, dürfte übrigens die treffliche „Kritik der Sage" sein, die mir ein gelehrter Freund eigens für die Zwecke des Albums zu schreiben die Gefälligkeit hatte. Ich bring' ihm öffentlich den herzlichsten Dank dafür!

„Und einen gleichen nochmals allen freundlichen Spendern und Spenderinnen zum Werke auf Rolandseck!"

Köln und der Rhein.

(Zum Kölner Carneval 1840.)

Vom Gotthard springt ein Felsenbach,
Und schreit durch's Land: Juchhe!
Der Gotthard sieht ihm traurig nach
Bis an den Bodensee.
Er denkt: „Du hast gut lustig sein
Und auf den Kopf dich stell'n!
Ich haft' am Fleck, doch du, o Rhein,
Du tummelst dich nach Köln!

„Du brichst dir Bahn durch Eis und Schnee,
Durch Fels und Gletscherwall;
Du rufst: ich muß in's Comité,
Ich muß zum Carneval!
Um Brust und Hut ein farbig Band,
So rennst du wacker zu;
Dein Schatz ja wohnt im Niederland,
Du lust'ger Schweizerbu'!

„Es wirbt um dich die ganze Welt
Mit Städten fern und nah;
Du aber wählst, die dir gefällt,
Du wählst Colonia!
Kein ander Weibsbild fesselt dich;
Du rufst mit wildem Satz:
Mein Brautsaal bleibt der Gürzenich,
Colonia mein Schatz!

„Sie glüht und blüht, sie altert nie!
Zweitausend Jahre schon
Mit kräft'gem Arm umschlingst du sie —
Du hast Geschmack, mein Sohn!
Wie heiß ihr Blick, wie schwarz ihr Haar,
Wie frisch und roth ihr Mund!
Bei Gott, ihr seid ein stattlich Paar,
Erneure nur den Bund!

„Auf Carneval, da ist es Zeit!
Im Kaufhaus, alt und grau,
Da trägt sie recht ihr Hochzeitkleid,
Die stolze schöne Frau!
Da harrt sie dein in bunter Pracht,
In ausgelass'ner Lust!
Da sinkt sie nach durchtanzter Nacht
Erschöpft an deine Brust!

„Hinunter denn, o Rheinstrom, zieh'!
Ich will nicht sagen: Bleib!
In starken Armen wiege sie,
Colonia, dein Weib!
O, könnt' ich folgen deinen Well'n! —
Umsonst! — doch grüß' mir fein
Dein reizend Weib, das prächt'ge Köln,
Mein Schwiegertöchterlein!" —

So lautet, was der Gotthard spricht;
Der Rhein ist drob erbaut,
Und rennt zu Thal und rastet nicht,
Bis er umarmt die Braut.
Wo Thurm an Thurm, und Thor an Thor,
Da braust und rauscht er brav;
Am Pegel reckt er sich empor,
Und ruft: Mein Schatz, Alaaf!

Das alte Köln, der alte Rhein,
So sind sie denn ein Paar!
Schaut zu, wo mag ein schön'res sein?
Ich wüßte keins, fürwahr!
Der Mann des Weibes Schutz und Hort,
Das Weib des Mannes Zier,
So schwingen beide fort und fort
Der Freude bunt Panier!

„Wer hat denn dieses Lied gemacht?" —
Ein fahrender Poet!
Ein närr'scher Kerl in Knappentracht,
Der gern als Käppler geht!
Der Rhein bespült sein einsam Haus;
Er meldet, was er sah,
Und mit dem Rheine ruft er aus:
Alaaf, Colonia!

Die Rose.

Wir saßen tief bis in die Nacht hinein,
Wie uns der Wind zusammen hier getrieben.
Es hatte Jeder seinen Schoppen Wein,
Und sah in's Glas, und dachte seiner Lieben.
Wir waren stumm: die düst're Seele schien
Sich aus dem Weine düstern Muth zu saugen;
Mir gegenüber träumend saß Levin,
Mein Freund Levin mit den Gespensteraugen.

Ich sprach zu ihm: dein Blick erregt mir Grauen!
Ich wagt' es oft in mitternächt'gen Stunden,
Mir vor dem Spiegel selbst in's Aug' zu schaun —
Da hab' ich Gleiches schaubernd wohl empfunden!
Daß ich ein Leib noch, ich vergaß es dann!
Aus ihrer Höhle wüsten Finsternissen
Sah mich die Sphinx, die eigne Seele, an,
Und sprach ihr Räthsel, höhnisch und verbissen.

So mein Gefühl bei deines Auges Glanz;
Ich meid' es scheu, und bin doch sonst verwegen!
Es ist dämonisch, es ist Seele ganz,
Und eine Seele trittst du mir entgegen!
Du bist ein Geist, du wandelst körperlos;
O, sieh' zu Boden, daß ich Frieden habe!
Dein Leib ist todt und in der Erde Schooß;
Umgeh'nde Seele, bleib' auch du im Grabe! —

Er horchte still; doch wie man Flammen schürt,
So die Gemüther schürt' ich mächtig heute;
Den dunkeln Vorhang hatt' ich keck berührt,
Und angeschlagen war die dumpfe Saite.
Wer, den ihr Tönen mystisch nicht durchzieht?
Wir saßen stumm; — wir lauschten auf ihr Klingen;
Wir standen zitternd auf dem Nachtgebiet,
In dessen Schatten keine Strahlen bringen.

O, welch ein schweigsam und verschleiert Reich!
Nur dem Erwählten gibt es seltne Kunde;
Nur einem Herzen, träumerisch und weich,
Haucht es sie zu mit leisem Geistermunde.
So war Levin: — was in der Brust ihm schlief,
Er theilt' es mit; ich saß, wie festgemauert;
Und bei Geschichten, wunderbar und tief,
Ward Stund' auf Stunde rasch von uns verschauert.

Nicht sag' ich Alles, was wir ausgetauscht;
Nur Eines meld' ich, da es euch zum Frommen!
Das Licht erlosch, die Nacht war schier verrauscht,
Da trug ich vor noch, was ich jüngst vernommen:
Du kennst, o Freund, den Flecken wohl am Rhein;
Wir sahn ihn heut noch, ruh'nd im Waldesmoose!
Der birgt ein Kleinod, birgt im Eichenschrein
Welk und vertrocknet eine Wunderrose.

Einst war sie frisch, und trug ein farbig Kleid;
Sie ward gepflückt in Jericho's Gefilde;
Es hat ein Priester betend sie geweiht
Fern bei Loretto's heil'gem Gnadenbilde.
Es weht' ihr Duft entlang den Felsenpfad,
Und in der Wildniß wuchs ihr dorn'ger Stengel,
Wo zu dem Sohne der Versucher trat,
Und wo ihm dienten seines Vaters Engel.

Sie trug verschämt ihr purpurroth Gewand,
Und barg sich tief im dunkelgrünen Laube,
Wo er im Jordan vor dem Täufer stand,
Wo ihm zu Häupten segnend hing die Taube.
Und vor dem Hause welkte sie Gebet,
Das ihn umfing in seinen Kindertagen,
Das ihn umfing im Flecken Nazareth,
Und das nach Welschland Engelhand getragen.

Wohl ist sie alt, wohl ist sie welk und dürr!
Wozu mit Wasser ihre Blätter tränken?
Wozu sie stellen in ein feucht Geschirr?
Die staub'ge Krone wird sie ewig senken.
Nur eine Nacht, nur eine einz'ge Nacht
Sprengt sie des Todes und des Schlummers Bande,
Erschließt sich neu in alter Farbenpracht,
Und glüht und duftet, wie am Jordanstrande.

Das ist die Nacht, wo man zur Christmeß geht
Rings in den Kirchen am Gestad des Rheines.
Da stellt ihr Herr mit brünstigem Gebet
Die dürren Blätter in ein Glas voll Weines.
Und wie die Zwölfe tönen feierlich,
Und wie durch's Land der Mette Stimmen wehen,
Da öffnet still die Wunderblume sich,
Die heil'ge Nacht, die Christnacht, zu begehen.

Ein neues Leben hat sie jäh durchzückt;
Sie thut sich auf, die eben noch erschlaffte;
Und wie vom Pilger gestern erst gepflückt,
Wiegt sie den Kelch auf dem geweihten Schafte.
In dunkler Röthe lodert sie und flammt,
Wie sie geflammt auf ihrer Heimath Triften,
Und um der Blätter königlichen Sammt
Weht, als ein Opfer, ihrer Krone Düften.

So steht sie dienend, bis die Nacht herum;
Das Roth des Morgens bringt der Feier Ende. —
Ich schaue zitternd dies Mysterium,
Ich falte betend meine beiden Hände.
In Furcht und Freude möcht' ich niederknien;
So ist vordem den Hirten wohl gewesen!
Ich bin ein Kind; gib mir die Hand, Levin!
Ich will im Lucas diese Nacht noch lesen.

O lieb', so lang du lieben kannst!

O lieb', so lang du lieben kannst!
O lieb', so lang du lieben magst!
Die Stunde kommt, die Stunde kommt,
Wo du an Gräbern stehst und klagst!

Und sorge, daß dein Herze glüht
Und Liebe hegt und Liebe trägt,
So lang ihm noch ein ander Herz
In Liebe warm entgegenschlägt!

Und wer dir seine Brust erschließt,
O thu' ihm, was du kannst, zu lieb!
Und mach' ihm jede Stunde froh,
Und mach' ihm keine Stunde trüb!

Und hüte deine Zunge wohl,
Bald ist ein böses Wort gesagt!
O Gott, es war nicht bös gemeint, —
Der Andre aber geht und klagt.

401

O lieb', so lang du lieben kannst!
O lieb', so lang du lieben magst!
Die Stunde kommt, die Stunde kommt,
Wo du an Gräbern stehst und klagst!

Dann kniest du nieder an der Gruft,
Und birgst die Augen, trüb und naß,
— Sie sehn den Andern nimmermehr —
In's lange, feuchte Kirchhofsgras.

Und sprichst: O schau' auf mich herab,
Der hier an deinem Grabe weint!
Vergib, daß ich gekränkt dich hab'!
O Gott, es war nicht bös gemeint!

Er aber sieht und hört dich nicht,
Kommt nicht, daß du ihn froh umfängst;
Der Mund, der oft dich küßte, spricht
Nie wieder: ich vergab dir längst!

Er that's, vergab dir lange schon,
Doch manche heiße Thräne fiel
Um dich und um dein herbes Wort —
Doch still — er ruht, er ist am Ziel!

O lieb', so lang du lieben kannst!
O lieb', so lang du lieben magst!
Die Stunde kommt, die Stunde kommt,
Wo du an Gräbern stehst und klagst!

Mil Unkraut.

1840.

Ich schritt allein hinab den Rhein,
Am Hag die Rose glühte,
Und wundersam die Luft durchschwamm
Der Duft der Rebenblüthe.
Thau' und Mohn erglänzten schon,
Der Südwind bog die Aehren;
Ueber Rolandseck, da ließ sich led
Eines Falken Lustschrei hören.

Und es kam das Lied mir in's Gemüth:
Wär' ich ein wilder Falle!
O du Melodei, wie ein Fall so scheu,
Und so dreist auch wie ein Falle!
Singe mit, wer kann! zur Sonn' hinan
Soll mich selbst die Weise tragen!
An ein Fensterlein, an ein Riegelein
Mit den Flügeln will ich schlagen!

Wo ein Röslein steht, wo ein Vorhang weht,
Wo am Ufer Schiffe liegen,
Wo zwei Augen braun über'n Strom hinschaun —
O, da möcht' ich fliegen, fliegen!
Da mit scharfem Fang und mit Wildgesang
Möcht' ich sitzen ihr zu Füßen:
Möchte stolz und kühn ihre Stirn umziehn,
Möchte grüßen, grüßen, grüßen!

O, wohl sang ich frisch und wohl sprang ich frisch —
Keine Flügel konnt' ich breiten!
Und ich lief voll Zorn, und das gelbe Korn
Durch die Finger ließ ich gleiten;
Knickte Zweig und Ast, knickte Blatt und Bast,
Ließ nicht ab vom wilden Ranken,
Bis die Hand zerfetzt, und ich matt zuletzt
Mich in's Gras warf, zu verschnaufen.

Auf den Bergen Klang, auf der Fluth Gesang,
In den Wellen Buben schwammen.
Ich aber saß einsam im Gras,
Band mit Gras meinen Strauß zusammen;
Meinen wilden Strauß, meinen Rankenstrauß —
O, wohl mehr als Eine lachte!
Aber deine Hand nimmt ihn an als Pfand
Eines Tags, wo dein ich dachte!

405

Es ist ein Strauß, wie er das Haus
Des Landmanns könnte schmücken:
Cyanen nur und Mohn der Flur,
Und was man sonst mag pflücken;
Eine Winde grün, eine Reb' im Blühn,
Eine Kleeblum' aus den Gränden,
Schlechtwildes Zeug, dem Wilden gleich,
Der ausging, es zu finden.

Sein Auge sprüht, seine Wange glüht,
Seine Hände ballt er zitternd;
Sein Blut es kocht, und sein Herz es pocht,
Seine Stirne droht gewitternd.
Seine Brust ist schwer: — schlechtes Kraut und Er
Verstoßen und verlassen!
Seine Blumen sieh'! — willst du ihn und sie
Am Boden liegen lassen?

Ruhe in der Geliebten.

1840.

So laß mich sitzen ohne Ende,
So laß mich sitzen für und für!
Leg' deine beiden frommen Hände
Auf die erhitzte Stirne mir!
Auf meinen Knien, zu deinen Füßen,
Da laß mich ruhn in trunkner Lust;
Laß mich das Auge selig schließen
In deinem Arm, an deiner Brust!

Laß es mich öffnen nur dem Schimmer,
Der deines wunderbar erhellt;
In dem ich raste nun für immer,
O du mein Leben, meine Welt!
Laß es mich öffnen nur der Thräne,
Die brennend heiß sich ihm entringt;
Die hell und lustig, eh' ich's wähne,
Durch die geschloßne Wimper springt!

So bin ich fromm, so bin ich stille,
So bin ich sanft, so bin ich gut!
Ich habe dich — das ist die Fülle!
Ich habe dich — mein Wünschen ruht!
Dein Arm ist meiner Unrast Wiege,
Vom Mohn der Liebe süß umglüht;
Und jeder deiner Athemzüge
Haucht mir in's Herz ein Schlummerlied!

Und jeder ist für mich ein Leben! —
Ha, so zu rasten Tag für Tag!
Zu lauschen so mit sel'gem Beben
Auf unsrer Herzen Wechselschlag!
In unsrer Liebe Nacht versunken,
Sind wir entflohn aus Welt und Zeit:
Wir ruhn und träumen, wir sind trunken
In seliger Verschollenheit!

Du haft genannt mich einen Vogelsteller.

1840.

Du hast genannt mich einen Vogelsteller: —
Als ob du selber keine Garne zogst!
O Gott, in deine Garne flog ich schneller
Und blinder ja, als du in meine flogst!

Sprich, hab' ich dich — sprich, hast du mich gefangen?
Du weißt es selbst nicht, du mein herz'ges Kind!
Wer kann denn sagen, wie es zugegangen,
Daß wir uns haben, daß wir Eins nun sind?

Doch wie du willst! Laß mich dein Auge küssen;
Du bist nun mein, und bleibst mir ewig nah!
Hat rauh mein Garn die Flügel dir zerrissen?
O, sei nicht bös — es fiel aus Liebe ja!

Und Liebe trägt dich, Liebe wird dich tragen,
Und wird dich schirmen jetzt und für und für!
Drum laß dein Flattern, laß dein Flügelschlagen;
Sei du mein Vöglein und vertraue mir!

Sei mir die Taube, die mit freud'gem Fliegen
Auf meinen Ruf um meine Stirne schwirrt;
Auf meiner Achsel will sie gern sich wiegen: —
Das ist der Ort, wo sie am liebsten girrt.

Sei mir die Lerche, die auf Glanzgefieder
Für ihren Pflüger sich zur Sonne schwingt;
Die von des Himmels goldner Schwelle nieder
In meine Seele sel'ge Lieder singt!

Und tief im Thale, wo die Linden rauschen,
Da sei vor Allem meine Nachtigall!
Da laß mich zitternd deiner Stimme lauschen
Und deines Schlages wunderbarem Schall!

Das ist ein himmlisch, ist ein selig Schmettern;
Das ist die Lieb' in ihrer Qual und Lust!
O, ström' es aus, umrauscht von grünen Blättern,
Das Sehnen deiner Nachtigallenbrust!

Ha, schon erklingt's! — Herschwirrst du aus dem Laube,
Umflatterst furchtlos meine Hüttenthür!
Hörst nur auf mich, bist meine fromme Taube,
Bist Nachtigall und treue Lerche mir!

Entfliehst mir nimmer! — süßer stets und heller
Weht mir dein Flügel, tönt mir dein Gesang!
Die Garne ruhn: — glückseliger Vogelsteller,
Das war dein letzter, war dein bester Fang!

Auch eine Rheinsage.

An Karl Simrock.

> *Eva, ἀλλὰ λέοντα.*

1.

Zum Teufel die Kameele,
Zum Teufel auch die Leu'n!
Er rauscht durch meine Seele
Der alte deutsche Rhein!
Es rauscht mir um die Stirne
Mit Wein- und Eichenlaub;
Er wäscht mir aus dem Hirne
Verjährten Wüstenstaub.

Ich schaukle seine Nachen,
Ich theile seine Fluth,
Ich steh', wo seine Drachen
In Höhlen einst geruht;
Ich schneide seine Trauben,
Ich keltre seinen Wein,
Ich sitz' in seinen Lauben,
Allein und auch zu Zwei'n.

Und wo die Burgen ragen,
Umkreist von Geierflug,
Da les' ich seine Sagen,
O Freund, in deinem Buch.
Auf Schutt und alten Mauern,
Da lieg' ich, sangbereit;
Da laß' ich mich durchschauern
Des Stromes alte Zeit.

Du freust dich meiner Freude;
Du lächelst: „Immer zu!
Du wähltest gute Weide!
Seid Eins, der Rhein und du!
Doch immer nicht geklettert,
Geträumt, geküßt, gezecht!
Frisch auf, ein Lied geschmettert —
Dann erst ist Alles recht!

„Genug anjetzt gesonnen!
Was wird, indeß du sinnst?
Hast du dich eingesponnen,
Laß sehn auch dein Gespinnst!
Noch ruht in ed'gen Barren
Viel reines Sagengold;
Wie lange soll es harren?
Auf, Sagen mir gezollt!

„Ein Stück vor allen weiß ich,
Gediegen, reich an Zier;
O Bester, wärst du fleißig,
Du wärst der Schmied dafür!
Es glüht mit seltnem Schimmer,
Gelb fast, wie Löwenfell;
Ich heb' die Barre nimmer —
Steh' du mir bei, Gesell!

„Denn wisse, daß mit Dräuen
Ein Unthier sie bewacht.
Du brauchst dich nicht zu scheuen —
Mir aber aus dem Schacht
Der Zeiten gar zu trutzig
Entreckt es Schweif und Tatz'.
Du wirst so leicht nicht stutzig,
So hebe du den Schatz!"

Ich nipp' am rothen Weine:
„Schon recht! ich bin dabei!
Wer dächte, daß am Rheine
Noch solch Geziefer sei!
Zwar hab' ich es verwiesen
Aus meiner Verse Bann,
Doch kommt es mir auf diesen
Kerl mehr just auch nicht an!

„Fort drum nach seiner Klause!
Wo liegt das Ungethüm?
Sein Gold im eignen Hause
Entreiß' ich furchtlos ihm!
Herbei drum Schwert und Haken!
Und ob es Feuer spie' —
Ich fang's — ich, der von Alen
Der deutschen Poesie!

„Schon längst war mein Begehren,
Der Sage mich zu weihn: —
Wie tret' ich jetzt mit Ehren
In ihre Hallen ein!
Hab' ich als Drachentödter
Errungen ihren Hort,
So gönnt sie wohl auch später
Beim Volke mir ein Wort.

„So will ich's frisch denn wagen!
Da bin ich — führ' mich hin!
Zwar sagt man, daß zu Sagen
Ich viel zu undeutsch bin;
Auch, heißt es, zu bombastisch.
Gleichviel! wo dräut der Molch?"
Du lächelst nur sarkastisch,
Und sprichst: „So komm denn, Strolch!"

Und reichst mir deine Rechte. —
Da sind wir rasch entrückt:
Ein Markt! — Voll! — Reitersknechte
Und Ritter, bunt geschmückt! —
Von Kirchen und Kapellen
Schallt feierlich Geläut! —
Der Rhein! — Es ist das Köllen
Der alten, rauhen Zeit!

2.

Alaaf! das ist ein Leben!
Alaaf, du heil'ge Stadt!
Alaaf, ihr Thürm' und Streben!
Mein Auge wird nicht satt!
Ich reibe mir die Lider,
Als wacht' ich auf vom Schlaf,
Und späh', und rufe wieder:
Du stolzes Köln, Alaaf!

Alaaf! wie dort vom Bayen
Des Bischofs Banner wallt!
Du Bürschlein hast gut bräuen,
Vier Jahr' erst bist du alt.
Von Grund auf neu gemauert,
Dem Strom befiehlst du keck:
Wer weiß, wie lang es dauert,
Du junger Bürgerschreck!

Alaaf, ihr Tempelhallen,
Apostel, Gereon!
Auch eure Glocken schallen,
Auch ihr begrüßt mich schon?
Ha — Kuniberti Thürme
Sind auch schon eingeweiht?
Die brecht ihr nicht, ihr Stürme,
Die stehn in Ewigkeit!

Wer weiß? — wir schreiten weiter;
Das nenn' ich ein Gewühl!
Gib Raum: — des Bischofs Reiter
Mit Banner und mit Spiel!
Die muth'gen Rosse schlagen,
Die Speere hangen schräg;
Ihr Trotz'gen! so zu jagen,
Als ständ' kein Volk im Weg!

Seht ihr den Roth nicht spritzen?
So kommt man Kölnern nicht!
Viel Augen seh' ich blitzen,
Und mancher Bürger spricht:
„Geduld, ihr Volksverächter!
Geduld! nicht allzu kühn!
Noch haben wir die Geschlechter,
Noch haben wir den Gryn!

„Noch giebt es keine Staffeln,
Die unserm Arm zu hoch;
Nicht Eine von den Gaffeln,
Die nicht das Schwert schon zog!
Wir sind von stärkern Händen,
Ihr Herren, als ihr denkt.
Das Blättchen kann sich wenden,
Drum laßt uns ungekränkt!

Ihr möchtet uns gar zu gerne
An Hemd und Niederkleid.
Ihr Herren, das sei ferne!
Noch sind wir schlagbereit!
Noch wissen wir wohl zu kämpfen,
Noch lassen wir Gut und Blut,
Dem Engelbert zu dämpfen
Den stolzen Bischofsmuth!

„Noch wißt ihr nicht, ihr Drüner,
Wer länger trotzen kann:
Ob Zwingherr oder freier,
Handfester Bürgersmann.
Der Dom, an dem in Schaaren
Wir bau'n zu dieser Frist —
Fragt ihn nach hundert Jahren,
Wer Sieger blieben ist!"

Der Dom! — frisch durch die Menge!
Frisch um die Ecke dort!
Schon hör' ich Hammerklänge!
Glückauf! wir sind am Ort!
Von Werkvolk und von Schauern
Wie voll der weite Raum!
Glückauf, ihr jungen Mauern,
Ihr achtzehnjähr'gen kaum!

Wie wenig noch vom Ganzen
Sproß auf zu Luft und Licht!
Steinrosen mag man pflanzen
In Einem Sommer nicht.
Nicht wächst in wenig Lenzen
Ein Laubwerk, reich und voll,
Das gothische Fenster kränzen
Manch lang Jahrhundert soll.

Doch ragen hoch die Stangen,
Bedächtig mißt der Stab;
Ein Thurm ist angefangen,
Drauf müht ein Krahn sich ab.
Wind' auf, was Felsenklüfte
Dir spenden, junger Krahn,
Und beiß' dich durch die Lüfte
Empor, ein scharfer Zahn!

Wirf aus die Eisenklaue!
Umrollen laß dein Rad!
Ein Zeichen sei dem Baue!
Du stockst? — der Mittag naht!
Auf ihren Zimmerfellen,
Bei Winkelmaß und Beil,
Hinlagern die Gesellen
Zum Mahle sich in Eil'.

Dichtbei auf einem Steine,
Da rasten ihrer sechs;
Sie letzen sich mit Weine —
Es scheint ein gut Gewächs.
Ich wünsch' ihn kaum mir dunkler —
Du da im Kamisol,
Der Wein — „O Herr, ist Unkler;
Zwölfhundertsechz'ger wohl!"

Ein Glas! Gebt mir zu trinken! —
Dir bring' ich's, hehrer Bau!
O, glühten deine Zinken
Schon hoch im sonn'gen Blau!
O, wüchsen deine Bögen,
O, wüchse dein Pfeilerwald
Dem Himmel schon entgegen,
Eh' noch dies Wort verhallt!

Steig' auf mit deinen Thürmen,
Steig' auf, du heil'ger Dom!
Steig' auf, uns zu beschirmen
Die Stadt und auch den Strom!
Steig' auf in deinem Laube
Von Steinen, daß fortan
Des Glaubens fromme Taube
In ihm sich bergen kann!

O, wann einst wird entbrennen
All' deiner Scheiben Gluth?
Wer einst wird sagen können:
„Glück auf, der Hammer ruht!
Geht heim, ihr Steinmetzschaaren!" —
Getrost ruft der vom Stein:
„Nun, Herr, in hundert Jahren
Kann viel gemeißelt sein!"

3.

Und weiter von den Ständern
Des Domes schreiten wir;
Ich lobe mir dies Schlendern,
Wo aber bleibt das Thier?
Das Unthier, das zu spießen
Trotz Mähne, Schweif und Fang,
Ich risch mit beiden Füßen
In's Mittelalter sprang?

Du sprichst, o Freund und Führer:
„So folge mir doch nur!
Ich bin ein alter Spürer
Und längstens auf der Spur.
Schon bangt mir vor den Krallen
Des Wildes, das du jagst;
Ganz nah schon sind die Hallen,
Darin du's greifen magst.

„Siehst du voraus uns schreiten
Den hohen, reis'gen Mann?
Das blanke Schwert zur Seiten,
Ausholt er, was er kann.
Die Hand im Schuh von Leder,
Hinzieht er ungeschmückt,
Die Kogel mit der Feder
Fest auf das Haupt gedrückt.

„Es grüßen ihn die Bürger,
Die auf der Gasse sind,
Vom Ritter bis zum Schürger;
Dazu manch rosig Kind,
Das eben aus der Messe
Von Sankt Marien kam;
Es grüßt durch Wick' und Kresse
Von des Erkers Fensterrahm;

„Und spricht zur Mutter drinnen:
„„O Mutter, welch ein Mann!
O Mutter, laßt eu'r Spinnen,
Und seht den Herrn euch an!
Sein Aug' wie stolz und dunkel!
Sein Wuchs wie schlank und hoch!""
Die Mutter hebt die Kunkel,
Und lacht: „„„Ei, seht mir doch!

„„„Für den sind andre Frauen;
Trag' nur das Mahl herein!““"
„„Ei nun, man darf doch schauen,““
Versetzt das Töchterlein.
„„„Ich bin fürwahr nicht dreister,
O Mutter, als mir frommt.
Man grüßt doch, wenn der Meister
Der Stadt geschritten kommt!““

„Gewiß, du Schöne, Schlanke!
Du Rose Lugdurchslaub!
Grüß' immer! grüß' und danke!
'S ist Gryn — du hast Verlaub!
Dem warm die Rechte drücken
Ringsum, die städtisch sind —
Gewißlich darf ihm nicken
Eines guten Kölners Kind.

„Im Rath und im Gefechte
Der erste Mann allzeit,
Der Bürger alte Rechte
Zu wahren stets bereit,
Mit Haud und Fuß entgegen
Der gier'gen Klerisei —
Frag' nach, ob noch ein Degen,
Wie Gryn der Kölner sei!

„"Dem Bischof gönnen wir willig,
Was Ehren er auch hat.
Doch fordr' er nur, was billig: —
Wir sind des Kaisers Stadt!
Des Kaisers und des Reiches!
Wir lassen ihm seinen Stab!
Wohlan, thu' er ein Gleiches,
Zwack' uns am Recht nichts ab!""

„So möchte man immer sprechen
Hören wohl den Ortyn;
Das gab manch Lanzenbrechen
Und streiten her und hin.
Jetzt haben sie kurzen Frieden: —
So lang man Schwerter wetzt!
Der Ritter ist beschieden
Zum Bischof eben jetzt.

„Da geht er hin zum Mahle;
Er vor — wir schreiten nach.
Schon steht er am Portale,
Pocht an mit hellem Schlag.
Du, hüte dich wohl, Herr Ritter!
Leicht mag sich drehn der Wind!
Wer weiß, was hinter'm Gitter
Der Scheinfreund Arges sinnt!

„Aufgehn die hohen Thüren,
Zwei Mönche lassen ihn ein.
„„Nun wollen wir erst euch führen,
O Herr, zu unserm Leu'n!
Ihr habt von ihm vernommen:
Fürwahr, ein seltsam Thier,
Fernher zur See gekommen! —
Hernach dann speisen wir.""

„Er folgt. „„Durch diese Kammer?"" —
„„Ja, Meister, dort hinaus!"" —
Vorfliegt die Eisenklammer —
Er drin, die Mönche draus.
Der Leu mit offnem Rachen
Fällt an den edlen Gast;
Die Mönche draußen lachen,
Der Ritter steht gefaßt.

„Jetzt auf, du Löwentödter!
Jetzt gilt es, hilf geschwind!" —
O Simrock, o Verräther,
Das nenn' ich bönn'schen Wind!
Mit Drachen wollt' ich ringen,
Die Feuer und Flamme spei'n —
Nun heißest Du mich zwingen
Einen ordinären Leu'n!

Wie mochte der dich grämen?
Ein Löwe? — Bagatell!
Den wird der Gryn schon zähmen,
Er ist ja stark und schnell!
Was Schrämmlein oder Ritze!
In des Thieres Rachen fährt
Sein linker Arm, mit Mütze
Und Mantel wohlbewehrt.

Die Brust dann mit dem Degen
Durchbohrt die rechte Hand;
Das Unthier ist erlegen —
Wie sich von selbst verstand.
Herr Gryn bleibt ungegessen;
Dasteht er unversehrt.
„Das war ein Bischofsessen!"
Er sagt's, und wischt sein Schwert.

Und wenig Stunden schwinden,
Da läßt er seine Haft;
Sie wußten ihn bald zu finden,
Sturm lief die Bürgerschaft.
Des Bischofs feile Knechte
Hangen am hohen Thor;
Der Stadt uralte Rechte
Stehn fester, als zuvor.

4.

So hätt' ich denn errungen
Der Löwensage Gold!
Wär' nur der Guß gelungen: —
Nun, hab' ich's doch gewollt!
Es war ja nur ein Foppen,
Ein heiter Probestück.
Frau Wirthin, noch 'nen Schoppen!
Gottlob, wir sind zurück!

Am Rathhauspfeiler drüben
Zu Köln am grünen Rhein,
Da steht, was ich beschrieben,
Gehauen in den Stein.
Von einer Pfaffenpforte
Geht auch die Rede noch;
Erforscht, seid ihr am Orte,
Die alte Thorfahrt doch.

Ich will indeß belauschen
Der Ruder Schlag und Stoß,
Der Stromfluth dumpfes Rauschen,
Der Burgen flüsternd Moos;
Der wilden Ente Schwirren,
Das Nachts am Ufer tönt;
Den Eisgang, der wie Klirren
Von laufend Panzern dröhnt.

Das bringt mir neue Lieder
Aus alter, ächt'ger Zeit.
O Freund, willst du mich wieder,
Du findest mich bereit
Sorg' immer nur für Futter!
Nicht gerne möcht' ich schrein,
Wie dort die Löwenmutter:
„Eins nur — doch einen Leu'n!"

Ein Kindermährchen

(Reminiscenz aus 1837.)

Auf meine Knie! macht's euch bequem, ihr Jungen!
Auf meine Knie! wie euch die Stirne brennt!
Ihr habt gelaufen und ihr habt gesprungen —
Hört jetzt ein Mährchen, das ihr noch nicht kennt!
Kommt, laßt mich erst das wirre Haar euch schlichten!
Und nun das Buch mit dem bemalten Band!
— „Das Buch, das Buch voll Mährchen und Geschichten!
Ja, lies ein Mährchen, lieber Ferdinand!"

So kommt denn her! Joringel und Jorinde?
Im öden Schloß Dornröschens Zauberschlaf?
Wie, oder hört ihr lieber von dem Kinde,
Das im Gebirg die sieben Zwerge traf?
Wollt ihr im Nußberg Hahn und Hühnchen stören?
Ist euch genehm die faule Spinnerin?
Wollt ihr am Thor das Roßhaupt reden hören,
Das todte Roß der Jungfer Königin?

Von Allem Nichts! Ein ander Mährchen heute! —
In einem Walde lebt' ein Brüderpaar!
Das war ein Wald euch in die Läng' und Breite,
Und, o, wie alt! wohl über tausend Jahr!
Mit freud'gen Wipfeln, stolz und unbehauen,
Hoch in die Lüfte reckt' er Stamm an Stamm;
In seinen Blättern und in seinen rauhen,
Moosrind'gen Aesten rauscht es wunderfam!

Ein eigner Wald! Voll von verschwiegnen Gründen!
Drin hob sich dunkel Mal und Runenstein!
Uralte Reime standen auf den Rinden:
Die schnitt vordem ein Zaubrer wohl hinein.
Geborst'ne Tafeln lagen hier und dorten,
Versunken halb und wüst von Dorngeflecht;
Die sagten aus in festen, sichern Worten
Von aller Satzung und von altem Recht.

Und Andres noch umwucherten die Kräuter,
Und barg des Grases windbewegte Fluth:
Manch alte Rolle harrt' auf ihren Deuter,
Auf ihren Wecker manche Fiebel gut.
Manch alt Gewaffen, alte Schlachten klirrend,
Verhüllt' in Ranken seine rost'ge Pracht;
Und über Allem tönte süßverwirrend
Lied seltner Vögel durch die Blätternacht.

Gefeites Wild sah durch die Schlucht man traben;
Und tief im Dickicht, neben ihren Küh'n,
Mit schlichtem Horne weckten Hirtenknaben
Aus alter Zeit verscholl'ne Melodien.
Im Meilerdampfe saßen ruß'ge Köhler
Und Jägervoll, die Rüben an der Schnur:
Die schwatzten was! das waren euch Erzähler!
Wüßt' ich zur Halbscheid ihre Mährchen nur!

Doch was im Wald auch hier und dort erschallte,
Was auch von Tönen durch sein weit Gebiet,
Das ewig grüne, hallt' und wiederhallte:
Es floß zusammen in ein einzig Lied!
Ein herrlich Lied! Mit leuchtendem Gesichte
Hört' es der Wandrer, dem es brausend klang!
Merkt auf, ihr Buben: — Unsres Volks Geschichte,
Das war das Hochlied, das der Hochwald sang!

Dem nun in Eintracht lauschten die zwei Brüder,
Weglund'ge Männer in des Waldes Hag;
Schlecht und gerecht — so sieht er keine wieder
In seinem Bann, wie lang er rauschen mag!
Denn daß ihr's wißt: noch immer tönt sein Wehen,
Noch alle Tage wallt sein grünes Kleid!
Ihr kennt ihn selbst: — wohl könnt ihr ihn nicht sehen,
Allein ihn rauschen hört ihr allezeit!

Ja, glaubt es nur! — So lang ihr seid, umwehten
Euch seine Stimmen, draußen und zu Haus;
Habt nur einmal die Kinderschuh' vertreten,
Dann gehn wir oft in seine Pracht hinaus.
Dann wird euch klar sein räthselhaft Geflüster,
Dann macht sein Brausen muthig euch und frei. —
Doch jetzt das Mährchen! — Also tief im Düster
Des laub'gen Waldes lebten jene Zwei!

Da sah man rings die Bahnen und die Gänge,
Die durch das Holz ihr frommer Eifer hieb;
Da war so dunkel keine Schlucht, so enge,
Daß ahnend Forschen nicht hinein sie trieb;
Da jede Stunde schafften sie und gruben
Den wilden Rasen muthig um- und um,
Da räumten sie den Schutt weg und erhuben
Manch grünbewachsen Denkmal wiederum.

Und um den Wald die wüsten Rankenwände
Sammt Dorn und Distel haben fortgemußt:
Und Alles nur, auf daß er offen stände
Dem ganzen Volk in seiner ganzen Lust!
Daß er zu Trost, zu Warnung und zu Lehre
Ein heller Spiegel unserm Volke sei,
Drin es sich schaue, und vom Anschaun kehre,
Frisch und gekräftigt, durch das Alte neu!

Doch das, ihr Jungen, schiert euch jetzt noch wenig.
Genug, sie schafften. Nun, es war mir gut,
Da kam in's Land fernher ein neuer König,
Der hat recht sehr ein Schuft zu sein geruht.
Denkt, statt des Scepters trug er eine Ruthe —
Ja, was frug der nach Satzung und nach Recht!
Der dachte nur in seinem argen Muthe:
Ich bin der Herr, du aber sei der Knecht!

Der König Einaug war's — ich kann ihn nennen!
Von einer Insel kam er groß und frei.
Du lieber Gott, da hätt' er lernen können,
Wie daß ein Volk kein Hundejunge sei
Er lernt' es nicht — er hieb entzwei die Stütze,
An die gelehnt sein neues Reich er fand;
Nach seines Volkes heiligstem Besitze,
Nach der Verfassung, schlug er mit der Hand.

Was das bedeutet, sollt ihr später lernen.
Gleichviel, er that's! Nun, was soll mir geschehn?
Aus ihres Waldes abgelegnen Fernen
Sah man zum Thron die beiden Brüder gehn.
Nicht sie allein: — fünf Männer, eben tüchtig
Und eben muthig, gingen wacker mit;
Sprechend wie sie: „Herr, deine That ist nichtig!
Woher dein Recht zu einem solchen Schritt?

„Sieh', was das Land durch deinen Spruch verloren —
Die schnöd zerriss'ne heil'ge Rolle hier!
Die, Herr, ja die nur haben wir beschworen,
Und unsern Eidschwur brechen nimmer wir!
Thu', was du willst! Wir thun nur, was wir müssen!
Wir handeln einfach, wie das Recht gebeut!
Wir wissen, was die Pflicht befiehlt! Wir wissen,
Was es zu sagen hat: Ein deutscher Eid!"

So, festen Muthes, redeten die Sieben —
Der König aber hob im Zorn die Hand;
Sie zu entamten hat er vorgeschrieben,
Und ihrer ein'ge hat er gar verbannt.
Es war mir gut; von ihrem Volk gesegnet,
Hierhin und dorthin flohn sie alsobald;
Den beiden Brüdern ist man da begegnet,
Wie sie zurück sich schlugen in den Wald.

Der nahm sie auf mit allen seinen Wonnen,
Und bog die Zweige schirmend um sie her.
Da stehn sie nun, geborgen und entronnen,
In seinem ew'gen grünen Blättermeer;
Und schaffen fort an ihrem großen Werke,
Wenig sich kümmernd um des Tags Geschrei —
Daß immer mehr ein Wecker aller Stärke
Und aller Freiheit er im Lande sei.

Und nun — aus war's! — „O, nicht doch! schon zu Ende?
Das war zu kurz! Nicht doch, das ist Betrug!" —
Ei, wollt ihr gehn, ihr kleinen Unverstände —
Doch halt, noch Eins! her euer Mährchenbuch!
Seht, dieses Buch auch stammt aus jenem Walde —
Denkt an die Köhler und des Luchhorns Schall!
Die Brüder selber schrieben's auf der Halde —
„Das Buch?" — Ja, das! Nun geht nur, und schlagt Ball!

Die Nacht im Hafen.

An —

1.

(Amsterdam, Juli 1835.)

Er sah des Orients Prinzessen,
Er sah sie winken vom Altan.
Er sprach von Türken und Tscherkessen —
Ich werde nie die Nacht vergessen,
Die Sommernacht bei'm Capitan.

Er kam zurück von Ostgestaden,
Er kam zurück mit reicher Fracht;
Er kam von Smyrna's Balustraden,
Er hatte mich an Bord geladen,
Es war die letzte Julinacht.

Die Sonne sank, ein Wetter drohte;
Der Hafen kochte, weiß und grau;
Geschaukelt stießen sich die Boote,
Und tausend Wimpel, scharlachrothe
Mastzungen, leckten hoch im Blau.

Sie hatten Durst wohl bei der Hitze;
Sie flogen lechzend, grell und glüh.
Wie an den Mast gebundne Blitze,
Rect mit getheilter Zungenspitze
Auf Violettgrund flammten sie.

Und tiefer, in der Segelfetzen
Gesause, klapperte die Raa;
Die Bise pfiff in Tau'n und Netzen —
Da war's, als ich mich übersetzen
Ließ an die Brick von Genua.

Ich komm hinan; — der Himmel glühte; —
Ich trat auf's Deck bei Wetterschein.
Die Mützen flogen und die Hüte; —
Er sprach: „Gegrüßt! komm zur Kajüte!
Du trinkst doch Sicilianer Wein?

„Da, nimm den Kelch! — Aus bis zur Neige!
Trink aus! — er geht noch auf dem Meer!
Nimm hin! — ich riß sie selbst vom Zweige:
Den Apfel Stambuls nimm, die Feige!
Schiffszwieback, noch von Malta her!"

Ich that Bescheid; — um die erhitzte
Stirn flog ihm wild sein schwarzes Haar.
Der Himmel und sein Auge blitzte,
Der Hafen und die Flasche spritzte —
Die Nacht war schwül und wunderbar.

Die Luk' in unsres Trinkſaals Decke,
Er stieß sie auf! — O, welch ein Sprühn!
Ich schaut' empor aus meiner Ecke:
Tiefblaue Wolken, Blitzgelecke —
Das Wetter war uns Baldachin!

Und mitten drin, aus Leinwandstücken
Und Tauwerk, durch der Luke Rand,
Langhaarig, klug und treu von Blicken,
Auf uns herniedersah mit Nicken
Turco, der Brick gewalt'ger Hund.

Die Luke, schien es, wollt' er stopfen;
Sein Schlappohr wollte Schirm uns sein.
Denn jetzt erscholl des Regens Klopfen,
Und dann und wann ein schwerer Tropfen
Fiel in den Messineser Wein.

So, bei dem Scheine zweier Lichter,
Die schwüle Nacht begingen wir:
Ein Hund, ein Schiffer und ein Dichter;
Dazu die Mannschaft — Südgesichter,
Braunstirnig lugend durch die Thür.

2.

(Darmstadt, Juli 1841.)

Da bricht es ab! — Wann hab' ich dich umrissen,
Du teckes Bild, du dreistes Hafenstück?
Frisch aus der Seele auf's Papier geschmissen,
Wie rufst du frisch mir jene Nacht zurück!
Sechs Jahre sind's! Ich schrieb dich hastig nieder,
Warf dich zu Anderm und vergaß dich dann;
In Staub und Wust find' ich dich heute wieder —
Unfertig Ding, was fang' ich mit dir an?

Du bist mir lieb! — In meine Bergstraß-Reben
Wirfst du die Segel einer Meeresstadt;
Aus meinem Nordsee-, meinem Küstenleben
Bist du ein Mal mir, ein Erinnrungsblatt!
Drum einem Freunde sollst du angehören,
Der manchen Strand und manche See befuhr;
Dem luft'gen Reiter will ich dich verehren,
Der frisch erlebte, was ich träumte nur.

440

Der, während ich am heimischen Gestade
Bequem im Kreise fremder Schiffer stand,
Mit kräft'gem Arm aus eines Schiffbruchs Bade
Gerettet sich an der Levante Strand,
Mit heiterm Fluch die Tropfen abgeschüttelt,
Das Hemd getrocknet am zerspellten Mast,
Sich lachend dann beturbant und bekittelt —
Ein Bursche just, für den mein Seebild paßt.

Hoch zu Kameel gar hat er seine Musen,
Nicht blos figürlich, durch die Welt geführt;
Ha, wie ich lese, selber bei den Drusen
Und ihren Weibern still kameelisirt.
Durch Sand und Fluth, durch Scyllen und Charybden
Trug ihn sein Schiff und trug ihn Rossesflug.
Wozu? — Er gab dem Pascha von Aegypten
Ein Exemplar von meinem Liederbuch.

Und dann, o hört: Fern in des Libans Thalen
Verehrt' er zierlichst einem alten Schech
Mein trefflich Werk, mein malerisch Westphalen —
Es wäre sündhaft, spräch' ich noch von Pech!
Nur Eins ist traurig: ohne Subscribenten
Kehrt' er zurück aus jenem sand'gen Strich;
Wenn sie nur deutsch erst in der Wüste könnten!
Es wäre just ein Publikum für mich!

441

Genug gescherzt! Wir lasen beine Lieder,
Wir sahn dich ziehn im Bügel und zu Fuß!
Grüß' Gott baheim! du bist im Lande wieder;
Die Hand, den Mund! da hast du meinen Gruß!
Du hörst ihn gern: — nicht wahr, oft hast du trübe
Dein flatternd Zelt am Abend dir gebaut?
Hast nach der Heimath, hast nach Treu' und Liebe,
Nach Kuß und Handschlag grollend ausgeschaut?

Gewiß! Und mehr noch! In der Cedern Dunkel
Und auf der Rast am Saum des Wüstenquells
Hast du gedacht auch an mein rheinisch Unkel,
An Rolandsed und an den Drachenfels;
Hast du gehört des Wiederhalles Tosen,
Der aus der Lurlei felö'gen Schluchten bricht;
Hat dir geblitzt mit seinen glüh'nden Rosen
Der Kölner Dom, das ew'ge Steingedicht;

Hast du geschaut die wald'gen Bergeslehnen
Im Thal der Wupper und im Thal der Ruhr;
Hast du gefühlt ein brustbeklemmend Sehnen
Nach weißen Birken, brauner Haideflur;
Hast du geglaubt, vom Harzduft unsrer Fichten
Und unsrer Tannen frisch umweht zu sein;
Was du auch sahst — die Heimath war dein Dichten,
Und was du hörtest, rief dich an den Rhein!

Nicht? — wenn der Sporn an einer Reiterferse
Dein werdend Lied zerriß mit rauhem Ton,
Dann fuhrst du auf aus deinem letzten Verse,
Und rieffst: der Flirrt, als macht' ihn Iserlohn!
Und wenn du blutig schimmern sahst den Hieber,
Der von Damascus seinen Namen hat,
Dann war der eigne schlichte Dolch dir lieber
Aus unsrer Heimath alter Klingenstadt.

Und wenn im Jordan du dein Reitpferd schwemmtest,
Ging da die Zeit nicht wieder auf in dir,
Wo du die Mähnen der Remonte kämmtest,
Zu Köln am Rhein ein lust'ger Bombardier?
Wo du zur Uebung rittest in die Eifel,
Als Ordonnanz die Batterien durchflogst,
Und lecken Muths, trotz seiner „tausend Teufel,"
Dem alten Tuchsen in die Zähne logst?

Hätt' ich's gesehn: — mit Rheinweindurst'gen Kehlen
Lagt ihr am Feuer manche Wüstennacht;
Da nun vornämlich kommt' es gar nicht fehlen,
Daß an die Heimath lechzend du gedacht!
Mit langen Hälsen und mit dicken Bäuchen
Sahst du im Geist ein blinkend Flaschenheer: —
Fluch und Verderben den geleerten Schläuchen!
Hochheimer! Kellner, eine Flasche her!

Vergebner Wunsch! — Doch hat die Fee Morgane
Dein leidig Dürsten neckisch oft gestillt:
Am Himmel plötzlich glänzte Fahn' an Fahne
Und Schild an Schild — ich meine Wirthshausschild!
Was du von Schildern einst im Schilde führtest,
In Wolken glänzt' es, eine Wirthshausstadt!
Glorreiche Schau! du sahst sie, und — diktirtest
„Syrische Briefe" für das Morgenblatt.

Das ist vorbei! Und wenn der Balkan Thränen
Im Aug' dir sah — längst sind sie fortgeküßt!
Du brauchst nach Weine nimmer dich zu sehnen,
Nach Weine nicht und was du sonst vermißt!
Aus tausend Brunnen und aus tausend Quellen
Frisch will dich letzen deiner Kindheit Strand;
Mit seines Geistes, seiner Liebe Wellen
An deine Seele schlägt dein Vaterland.

Glück auf daheim! Und nun — genug geschwommen!
Du, wurzle fest im heim'schen Boden ein!
Aus deutschem Herzen schallt dir mein Willkommen,
Perlt auch mein Glas von Messineser Wein.
Drum noch einmal: Ich drücke dir die Rechte,
Wie ein Soldat dem andern nach der Schlacht;
Wir sind zu Haus! Auf Sturm- und Wüstennächte
Lies jetzt im Hafen meine Hafennacht!

Bei Koblenz.

Dorten durch der Brücke Bogen
Eilt die Mosel in den Rhein,
Dorten ragt die Kastorkirche
Dort der Ehrenbreitenstein.

Um die Berge klimmt die Rebe,
In der Ebne wallt das Korn,
Mädchen mit dem Pfeil im Haare
Füllen Krüge sich am Born.

In des Herbstes milder Sonne
Sanft und feiernd liegt die Welt,
Schwalben rüsten sich zur Reise,
Und ich irre durch das Feld.

Irr' auf unbetretnen Wegen,
Wie der Landmann rauh sie bahnt,
Bis zur Einkehr unter Weiden
Mich ein Gottesacker mahnt.

Gottesacker, Gottesfrieden!
Auf den Gräbern Sonnenstrahl,
Und der Jahreszeit letzte Blumen
Duften um der Kreuze Zahl.

Bunt die Blumen, grau die Kreuze!
Eines seh' ich dort erhöht,
Drauf mit ernsten, schlichten Lettern
"Schenkendorf" geschrieben steht.

Nahe dem geliebten Strome,
Dem es laut in Zorn und Schmerz
Freiheitslieder zugesungen,
Schläft das reine Dichterherz.

Ach, die Freiheit, die du meintest,
Kam noch nicht mit ihrem Schein!
Ach, und wiederum in Fesseln
Zieht dein Felsenkind, dein Rhein!

Was du sangst, wofür du strebtest,
Ach, von Allem Nichts erfüllt!
Wohl dir, daß du nicht erlebtest,
Was dein Hügel dir verhüllt!

Ich indeß will ihn bedecken
Mit dem frisch gebrochnen Strauß,
Will an meinem Wanderstecken
Grollend ziehn zum Land hinaus.

Ob ich je zum Rheine kehre,
Heimathdurstig, wandermatt?
Ob die Freiheit je, die hehre,
Wache hält auf dieser Statt?

In des Herbstes milder Sonne
Sanft und feiernd ruht das Feld,
Sanft und feiernd ruht dein Hügel —
Laß mich! Vor mir liegt die Welt!

Die Linde bei Hirzenach.

1848.

Nur leis bewegt vom lauen Uferwinde,
Roth noch vom Abend, dem erst halb verglühten,
Dein friedlich Dörfchen friedlich zu behüten,
Wie stehst du schön am Rheine da, o Linde!

Nun wird es Nacht! Nun eilt mit ihrem Kinde
Die junge Bäurin unter deine Blüthen!
Nun kühlst du auch, die sich am Tage mühten,
Den alten Winzer und sein Hausgesinde!

Der Gute spricht von längst verfloss'nen Jahren;
Er hat als Kind den Freiheitsbaum umsprungen,
Und der warst du — so melden die Berichte.

Nun spielt dein Wehn zahm mit des Greises Haaren — —
Abtrünnige! Noch hast du nicht geschwungen
Dein letztes Laub! Vorwärts geht die Geschichte!

Sonett.

1843.

Wo sind die Adler, die mit kühnem Feuer
Aus unsern Wäldern auf zur Sonne flogen?
Und die gesangreich pracht'ge Kreise zogen,
Wohin entflohn die Schwäne doch vom Weiher?

Wo sind die süßen Nachtigallen heuer?
Und wo die Lerchen? Haben zorn'ge Wogen
Um ihre Rückkehr neidisch uns betrogen?
Zerbrach ein Sturmwind ihrem Flug das Steuer?

Sie sind verstummt, ach! oder sind gestorben!
Kein Adler mehr in deutschen Dichterhainen!
Schwan, Lerche, Sprosser — hin sind ihre Tage!

Ein neu Geschlecht doch haben wir erworben:
Es brüstet sich mit gallischen Refrainen
Ein Gimpel Béranger's auf jedem Hage!

Vision.

1848.

Am Weg, der nußbeschattet
Zum Rheinfels führt empor,
Da trat ich jüngst ermattet
Hin an ein eisern Thor.
Die Pforte war's zum Acker,
Der abthut alle Noth;
Drauf seine Garben wacker
Hinwirft der grimme Schnitter Tod.

Die Dämm'rung kam verstohlen;
Ihr Wehn in Gras und Baum,
Der Rhein, die Nachtviolen —
Es gab mir alles Traum.
Bis jach ein langsam Schreiten
Mich weckte, da ich sann;
Im Festkleid andrer Zeiten
Trat auf mich zu ein eigner Mann.

Sein Hut war breit von Krempe,
Sein Mantel reich an Staat;
Am Gurt hing ihm die Plempe,
Doch schien er nicht Soldat.
Sein Antlitz war wie Erden;
Sein Auge matt, doch stet.
Ich dachte: „Was will werden?"
Da sprach er leis: „Grüß Gott, Poet!

„Ich war in meinen Tagen
Ein Dichter, weitgenannt;
Ich habe frisch geschlagen
Die Leier durch das Land.
In wüsten Kriegesläuften
Muth singend stand ich da,
Ach, in der blutersäuften,
Der zitternden Germania.

„Als sie zur Gruft mich brachten
Nach sturmgetriebner Fahrt,
Da war zu Gang das Schlachten,
Das dreißigjährig ward.
Mir fand ich Kampf beschieden,
Dir fiel die Ruhe zu:
Im dreißigjähr'gen Frieden
Uebst beine freud'gen Saiten du.

„Dich stört kein Schwedenjagen
Bei Lied und bei Sonett,
Kein springender Pulverwagen,
Kein krachend Falkonett!
Dich irrt auf deinen Wegen
Kein wallensteinisch Volk!
Die kreuzen nicht die Degen
Der Weimar und der wilde Holk!

„Doch in die Zukunft spähen
Die Schläfer in der Gruft:
Ein Wechsel wird geschehen,
Und Krieg ist in der Luft!
Gleichwie von zieh'nden Heeren
Erbebt mein Grab schon heut!
Nicht lang mehr wird sie währen,
Die überlange Friedenszeit!

„Schon geht ein feindlich Scheiden
Und Sondern durch die Welt;
Bald suchen sich die Schneiden
Wohl auch im offnen Feld!
Ade dann, träumend Sinnen!
Ade, zwei Banner wehn!
Im Kampfe mitten drinnen
Wirst dann auch du bei Einem stehn!

„Ich sang in jenem Streite:
Drum gehet tapfer an! —
Tritt du auch auf die Seite
Der Freiheit als ein Mann!
Kriegsweisen wolle schmettern!
Was Tod, was Acht, was Bann!
Sing' in den kommenden Wettern
Auch du: drum gehet tapfer an!" —

Ich sprach: „Nah ist die Fehde,
Und kampfbereit bin ich!
Doch du, mit dem ich rede,
Zinkgref wohl hieß man dich?
Wo du ein Weib erworben,
In diesem Sankt Goar
Bist nachmals du gestorben" —
Er sprach zurück: „du redest wahr!"

Da wollt' ich rasch ihm fassen
Die Hand, doch er entwich;
Hinschwebend in dem blassen
Stromdunst verlor er sich.
Er schwebt', als hätt' er Flügel,
Nachließ er keine Spur,
Wie längst sein grüner Hügel
Spurlos verloren ging der Flur.

Antwort.

„Frei, los und ledig singe der Poet,
Nicht an der Scholle bleib' er kleben!
Weib, Kinder, Haus — o jämmerlich Geräth!
Einsam in Gluth, wie weiland der Prophet,
Soll er empor vom Boden schweben!

„Die kühn des Gottes herrlich Feuer schürt
Auf Bergen hoch und auf Altären,
Die aufgehoben, an die Sterne rührt,
Wie mag die Hand denn nur, vom Ring umschnürt,
Zugleich des Heerdes Flämmchen nähren?

„Wie mag die Lippe nur, der fort und fort
Wohllaut und Geist vereint enttönen,
Wie mag die Lippe nur zu Schaffnerwort,
Zu Wiegenreim und anderm Mißakkord
Des Alltagslebens sich gewöhnen?

„Wie mag die Stirn, die Epheu grün umlaubt,
Die Stirn, die junge Lorbeern schmücken,
Lorbeeren, trotzig vom Olymp geraubt,
Wie mag, das Wellen trägt, das Dichterhaupt
In's Joch sich des Philisters bücken?

„Das Flügelroß gehört in keinen Stall;
Es soll nur fliegen, jagen, schlagen!" —
Ich könnte viel auf diesen Redeschwall
Erwidern, traun! doch soll die Nachtigall
Euch heute nur die Antwort sagen.

Der in des Waldes dunkelgrünem Schooß
Von Liedern trieft, die lechzend flammen:
Derselbe Schnabel singt nicht Lieder bloß,
Derselbe Schnabel trägt aus Laub und Moos
Doch auch ein Nestchen sich zusammen!

An ein schönes Kind.

(Mit der Miniaturausgabe der „Gedichte.")

Da kommt es wiederum heran,
Das Heer von Schiffern und von Mohren,
Das in der Nordsee Uferbann
Mein einsam brütend Hirn geboren.

Doch sind es kaum die alten mehr
In Ruderwams und Reiterkleide;
Wie Herren schreiten sie einher
Im Gurt von Gold, im Rock von Seide.

Mag sie entschuld'gen drum ihr Kleid,
Wenn sie mit südlich finstern-Brauen
Der Anmuth und der Lieblichkeit
In's kindlich offne Antlitz schauen!

Nulla dies sine linea.

(In das Album eines Dampfschiff-Kondukteurs.)

Sein perlend Glas emporhob Einer,
Und lallte fromm und feierlich:
„Ich mach' es, traun, wie der Lateiner —
Kein Tag vergeht mir ohne Strich!"

So übersetzt ein trunkner Stammler;
Doch wer jahraus jahrein den Rhein
Befährt als Autographensammler,
Versteht sich besser auf Latein.

Er denkt: „Mag nie ein Tag entweichen,
Der keinen Federstrich mir bringt!
Wo nicht von denen, die da streichen,
Ein Rheinsalm in mein Album springt!"

Glückauf denn, du an Strichen Reicher!
Glückauf, dein Büchlein fülle sich!
Beschere Gott dir viele Streicher
Und täglich mehr als einen Strich!

Leiern und Sügel.

Oktober 1844.

Die Wolken flogen wirr und wild
Zu mitternächt'ger Stund';
Da zuckte Goethe's ehern Bild,
Als thät es seinen Mund:
„Ich steh' so groß, ich steh' so hoch,
Ein Zeus Kronion schier,
Und doch — welch kleinliches Gewog
Zu meinen Füßen hier!

„Hui, wie das spricht und gegenspricht!
Noch harrt' ich ernst und kühl,
Noch runzl' ich meine Brauen nicht —
Doch Alles hat ein Ziel!
Wie, wenn ich bräche meinen Bann?
Wie, wenn ich frank und frei
Die Faust dir quetschte, Don Juan
Schreibsel'ger Zänkerei?

„Wer weiß! — Heut nur ein einzig Wort
Bei Nacht und Sturmeswehn:
Ob Leiern oder Bügel dort
An meinem Hause stehn —
Euch, wie mir selber, sei das gleich!
Sind's Leiern — nun wohlan,
Legt an der alten Deutung euch,
Wie ihr es lang gethan!

„Sind's Bügel aber — nun, auch Stahl
Und Eisen geben Klang!
Auch Bügel tönen — d i e zumal,
In die ich einst mich schwang!
Ihr kennt der Musen scheues Roß:
Aufschnob es wild im Lauf,
Das Stirnhaar flog, die Mähne floß —
Hui da, ich schwang mich auf!

„Das ist der Bügel Sinn! Potz Stern,
Seid ihr zufrieden nun?
Ich bitt' euch sehr, ihr Narr'n und Herr'n,
Laßt Lei'r und Bügel ruhn!
Genug: nie ritt ich bügellos
Den Renner Pegasum!
Was gibt's?" — Es war die Nachtwacht bloß,
Doch blieb der Alte stumm!

Brutus.

(Zum Düsseldorfer Carneval 1845.)

Juchheisa, wir hoffen und harren,
Drum sind wir die Narren der Zeit!
Das Schwert, das wir führen, heißt Sparren,
Ist immer zum Kampfe bereit!

Viel Drachen schon hat es bezwungen,
Viel Esel schon hat es gefällt;
Es haben es vor uns geschwungen
Die tapfersten Ritter der Welt!

Mit scheckigen Wämsern und Hosen,
Ihr kennt sie, die lust'gen Gesell'n:
Laßt leben Herrn Kunz von der Rosen,
Laßt leben den Helden von Mölln!

Und alle mit grinsenden Backen
Und pfiffig gerunzelter Brau!
Rings hoch, wer den Schelm trug im Nacken —
Hoch Taubmann und hoch auch Khau!

Hoch Jeder, der mehr oder minder
Ein Narr war, entgegen dem Strom!
Vor Allem der Narrheit Erfinder,
Vor Allem Herr Brutus von Rom!

Den wählt zum Patron euch, ihr Gecken!
Gleich ihm führt den Sparren gewandt!
Sein Hoffen, sein Leib zu verstecken,
Anzog er der Narrheit Gewand.

Und trug es, wie laut man auch lachte;
Warf's ab, nicht zu spät, nicht zu früh.
So rächt' er Lucretien, und machte
Zum Freistaat die Lausmonarchie.

Der Rhein, den noch neuerlich Heine
Den Brutus der Flüsse genannt,
Der Rhein — nun, ihr wißt, was ich meine!
Hoch Brutus und rheinisches Land!

Juchheisa, wir hoffen und harren,
Drum sind wir die Narren der Zeit!
Das Schwert, das wir führen, heißt Sparren,
Ist immer zum Kampfe bereit!

Inhalt.

Tagebuchblätter. Seite
- Moos-Thee (1826) 5
- Heiligenschrein, Vögel und Wandersmann (Frühling 1829) . 9
- Wetterleuchten in der Pflugsnacht (1831) 11
- Die Amphitrite (Mai 1832) 13
- Die Auswanderer (Sommer 1832) 16
- Der Schlittschuh-laufende Neger (Januar 1833) 19
- Meerfabel (5. Mai 1833) 22
- Die Griechin auf der Messe (1833) 25
- Vor einem Gemälde, dessen frische Farben mir bei'm nahen Betrachten mein Bild zurückwarfen (1834) 27
- Sandlieder 1 bis 6 (1835) 29
- Einem Ziehenden (1835) 35
- „Wär' ich im Bann von Mekka's Thoren" (1836) ... 39
- Leben des Negers (1836) 42
- Nebel (1836) 46
- Roland (Juli 1839) 48

Balladen und Romanzen.
- Der Mohrenfürst 1. 2. 55
- Schwalbenmährchen .... , 61
- Der Wecker in der Wüste 64
- Der Blumen Rache 67
- „Prinz Eugen, der edle Ritter" 72
- Der Mann im Walde 74
- Banditenbegräbniß 79
- Piratenromanze 1. 2. 83
- Der Fall 86
- Die Schreinergesellen 90
- Barbarossa's erstes Erwachen (1829) 92

	Seite
Meerfahrt	96
Der Bivouac	99
Die seid'ne Schnur. 1 bis 3	103
Der Tod des Führers	106
Der Wassergense	110
Eine Sensenwacht	114
Liebe Heere	119
Terzinen.	
Die irische Wittwe	123
Die Griechin (December 1834)	130
Alexandriner.	
Der Alexandriner	136
Vier Roßschweife (im Eilwagen am 15. Juli 1832)	137
Afrikanische Halbigung	139
Florida of Boston (28. März 1833)	141
Der Schwertseger von Damascus	144
Der Scheik am Sinai (im Spätjahr 1830)	146
Der Divan der Ereignisse (1833)	149
Am Kongo	153
Scipio	155
An das Meer	157
Schiffbruch (Fragment)	160
Anno Domini	162
Henry	165
Im Herbst (1836)	167
Vermischte Gedichte.	
Im Walde	173
Die Tanne 1. 2.	176
Die Todten im Meere	181
Geisterschau	185
Die Magier (Im Dom zu Cöln)	187
Nebo (1830)	190
Die Bilderbibel	194
Landrinette 1. 2.	197
Das Husarenpferd	203

	Seite
Heinrich der Seefahrer 1. 2.	205
La vida es sueño	212
Ein Flüchtling	214
Vorgefühl	216
Fieber	218
Zwei Feldherrngräber 1. 2.	222
Aubuton (1838)	226
Ammonium	231
Die Steppe (Fragment)	233
Meine Gloſſe	234
Löwenritt	236
Geſicht des Reiſenden	239
Unter den Palmen	242
ΟΔΥΣΣΕΥΣ (März 1836)	244
Drei Strophen	246
Leviathan	249
Mirage	253
Die Schiffe	258
Der ausgewanderte Dichter (Bruchſtücke eines unvollendeten Cyklus)	270
Der Kelter	284

Gelegentliches.

Bei Grabbe's Tod	291
Für Schillers Album beſtimmt geweſen	295
In Schillers Album	299
Der Phönix (zur Einleitung des zweiten Jahrgangs von E. Dullers Phönix)	300
Bannerſpruch. An E. Duller (zur Einleitung des dritten Jahrgangs des Phönix)	304

Zwiſchen den Garben. Eine Nachleſe.

Vorwort	311
Die Blüthe (1830)	315
Das kranke Kind (1830)	317
Der Tod (1830)	319
Am Strande (1832)	323

	Seite
Hakengang (1832)	327
An Afrika (1832)	329
Stimme vom Senegal	333
Klänge des Memnon	338
1 Zur Einleitung	338
2. Ein Lied Memnons	339
Schahingiral	343
Ein Ritt (Fragment)	346
In der Nordsee	348
Kreuzigung	352
Das Hospitalschiff	357
Freistuhl zu Dortmund. (Zur Einleitung des „malerischen und romantischen Westphalens.")	364
Auf dem Drachenfels (1839)	373
Rolandseck. (Aufruf zur Wiederherstellung der eingestürzten Ruine, Januar 1840.) 1. 2.	375
Baurede für Rolandseck. Juli 1840	382
Köln und der Rhein. (Zum Kölner Carneval 1840.)	391
Die Rose	395
O lieb', so lang du lieben kannst	400
Mit Unkraut (1840)	403
Ruhe in der Geliebten (1840)	406
Du hast genannt mich einen Vogelsteller (1840)	408
Auch eine Rheinsage. An Karl Simrock. 1 bis 4	411
Ein Kindermährchen. (Reminiscenz aus 1837)	429
Die Nacht im Hafen 1. 2.	436
Bei Koblenz	444
Die Linde bei Hirzenach (1843)	447
Sonett (1843)	448
Biston (1843)	449
Antwort	453
An ein schönes Kind	455
Nulla dies sine linea	456
Leiern und Bügel (October 1844)	457
Brutus. (Zum Düsseldorfer Carneval 1845)	459

www.ingramcontent.com/pod-product-compliance
Lightning Source LLC
Chambersburg PA
CBHW022116300426
44117CB00007B/733